佛洛伊德

Freud: A Very Short Introduction

U0134714

Freud: A Very Short Introduction

佛洛伊德

安東尼·斯托爾(Anthony Storr)著

尹莉 譯

OXFORD
UNIVERSITY PRESS

Oxford University Press is a department of the University of Oxford.
It furthers the University's objective of excellence in research, scholarship,
and education by publishing worldwide. Oxford is a registered trade mark of
Oxford University Press in the UK and in certain other countries

Published in Hong Kong by
Oxford University Press (China) Limited
39/F, One Kowloon, 1 Wang Yuen Street, Kowloon Bay, Hong Kong

This orthodox Chinese edition © Oxford University Press (China) Limited

The moral rights of the author have been asserted

First edition published in 2020

All rights reserved. No part of this publication may be reproduced, stored in a
retrieval system, or transmitted, in any form or by any means, without the prior
permission in writing of Oxford University Press (China) Limited, or as expressly
permitted by law, by licence, or under terms agreed with the appropriate
reprographics rights organization. Enquiries concerning reproduction outside
the scope of the above should be sent to the Rights Department,
Oxford University Press (China) Limited, at the address above

You must not circulate this work in any other form
and you must impose this same condition on any acquirer

佛洛伊德

斯托爾〔Anthony Storr〕著

尹莉 譯

ISBN: 978-0-19-941669-1

1 3 5 7 9 10 8 6 4 2

English text originally published as *Freud: A Very Short Introduction*
by Oxford University Press © Anthony Storr 1989

目　錄

鳴　謝

Sir Keith Thomas 對本書有建設性的評論，Catherine Clarke 實在是一專業的編輯，Dr Charles Rycroft 讓我注意到我的疏忽，他的書和建議對我很有幫助，謹此致謝。

圖片鳴謝

第一章
生平與個性

　　1856年5月6日，西格蒙德‧佛洛伊德出生於現今捷克共和國普日博爾市的摩拉維亞弗萊堡小城。他的母親阿瑪利（Amalie）是猶太羊毛商人雅各‧佛洛伊德（Jacob Freud）的第三任妻子，比雅各小20歲。1859年，在西格蒙德‧佛洛伊德三歲的時候，一家人移居維也納。在之後的79年中，佛洛伊德一直在這座城市裏生活和工作，儘管他反覆表示過對該城市的嫌惡但又極不願離開。1938年，為逃避納粹分子的迫害，佛洛伊德被迫在英國度過他人生最後的時光，於1939年9月23日，第二次世界大戰爆發後不久便離開人世。

　　佛洛伊德的母親，一位活到95歲的充滿活力、魅力十足的女性，在佛洛伊德出生時年僅21歲。之後她又生養了七個子女，但是被她稱作「我出色的小西基」的西格蒙德無疑一直是她的最愛，佛洛伊德認為母親的這種愛是他建立自信的一個重要條件。佛洛伊德還認為，他後來的成功與他是一名猶太人有直接關係。儘管佛洛伊德從未信奉猶太教，並認為所有宗教信仰皆是虛幻的，但他本人對自己的猶太人身份有很

強的意識，從不結交非猶太人的朋友，還定期參加當地猶太社團聖約之子會(B'nai B'rith)的集會，並對他那些被譯成依地語和希伯來語的著作不收版稅。他認為他能夠獨立思考正是因為他是猶太人。當他第一次在維也納大學遭遇反猶太主義抗議時，他寫道，不被社會接納使他遠離群體，培養了獨立判斷的能力。

少年時代的佛洛伊德智力超前，異常勤奮。他連續六年學業在班裏名列第一；而且到畢業時，他不但通曉希臘語、拉丁語、德語和希伯來語，而且學習了法語和英語，並且自學了西班牙語和意大利語的基本知識。他八歲時便開始閱讀莎士比亞的作品。莎士比亞和歌德一直是他喜愛的作家。從很小的時候起，佛洛伊德就是一個認真、專心的學生，他的家人和老師都期望他能成名，他自己也確信他注定會在知識領域作出重要貢獻。全家人的生活都以他的學業為中心。他不和其他家庭成員一塊兒進晚餐，而且，因為妹妹安娜練鋼琴的聲音打擾了他，父母就把她的鋼琴搬走了。

1873年秋天，佛洛伊德進入維也納大學醫學系學習，但是直到1881年3月30日才畢業。他最初的興趣在動物學研究上。從1876年至1882年，他在厄恩斯特·布呂克(Ernst Brücke)領導下的生理學實驗室從事研究工作。布呂克是佛洛伊德非常崇拜的生理學權威，並對佛洛伊德的思想產生過巨大影響。布呂克和他的同

圖1　1938年佛洛伊德與瑪麗‧波拿巴和威廉‧C.布列特去倫敦途中到
　　　達巴黎。佛洛伊德的銀行賬戶被納粹銷戶、現金被沒收，瑪麗‧波
　　　拿巴（希臘喬治王妃）向納粹支付了佛洛伊德獲准離開奧地利所需的
　　　金額。威廉‧布列特是美國駐巴黎大使，曾與佛洛伊德合著過一本
　　　（非常糟糕的）關於美國前總統伍德羅‧威爾遜的書。

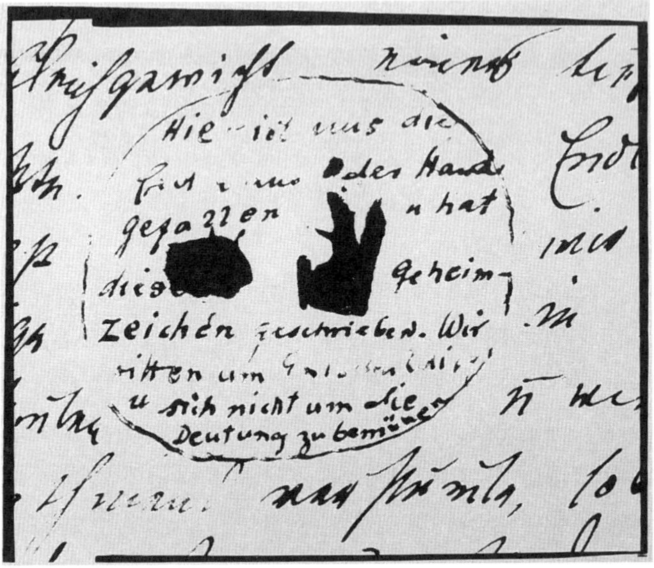

圖2　1882年8月9日，（佛洛伊德）在焦慮中致瑪莎的信，上面有大團的墨
　　　漬——佛洛伊德懇求瑪莎不要讓他作出解釋。

事們致力於研究在當時並未得到廣泛認可的一種觀點，即所有生命過程最終都可以用物理和化學來解釋，因此從生物學中擯除了宗教和生機論概念。佛洛伊德終其一生都是決定論者，他堅信，所有的生命現象，諸如想法、感覺、幻想等心理現象，都嚴格地受因果定律的制約。

佛洛伊德當時並不願意行醫，樂於一生從事研究工作。但是1882年，他愛上了瑪莎·伯尼斯（Martha Bernays）並與之訂婚。如果他繼續留在布呂克的實驗室的話，他的收入將不可能供養妻子和家庭。佛洛伊德因而不情願地放棄了他的研究生涯，在接下來的三年中轉而在維也納總醫院習醫，積累經驗，為未來從醫作準備。1885年，他被任命為維也納大學神經病理學講師。1885年10月至1886年2月，他在巴黎薩爾佩特里埃爾醫院跟隨著名的神經學家夏爾科（Charcot）工作。夏爾科關於歇斯底里症的研究激起了他對神經官能症問題，而非神經系統的器質性疾病的興趣。1886年4月佛洛伊德在維也納開辦了自己的診所，並於同年9月13日與未婚妻成婚。

他們的第一個孩子，瑪蒂爾德，於1887年10月降生。之後他們又相繼生養了五個孩子，最小的名叫安娜·佛洛伊德，出生於1895年，是佛洛伊德所有孩子之中唯一成為精神分析學家的一個。他的妻子，瑪莎，在他們漫長、平靜的婚姻生活中心甘情願地將全

圖3　1885年佛洛伊德和他的未婚妻瑪莎‧伯尼斯在他們的訂婚儀式上。

部的時間和精力都奉獻給了佛洛伊德及他們的六個孩子。從一些信件中我們瞭解到，他們的性生活較早就開始減少了，但是他們的家庭生活一直保持着和諧。佛洛伊德去世後，瑪莎在給一位朋友的信中寫道：

> 沒有了他的生活是多麼艱難。當身邊不再有他的愛和智慧而要繼續活下去是多麼可怕！想起五十三年來我們的婚姻生活中沒有發生過一次口角，而我一直在竭盡全力消除生活瑣事給他事業帶來的煩憂，這些令我稍感安慰。

從19世紀90年代中期開始，佛洛伊德的生活開始成為精神分析的發展史。1895年，他與約瑟夫·布羅伊爾（Josef Breuer）合作完成的《歇斯底里症研究》問世了。鑒於佛洛伊德對當代思想的影響及需24卷書方可盡言的他對精神分析的巨大貢獻，他的首部精神分析論著於39歲時出版是着實令人驚歎的。

甚麼樣的個性使一個人僅用半生的時間就能成就如此之巨大？多數取得傑出智識成就的人都表現出精神病學家稱之為強迫性的一些特質，即小心翼翼、一絲不苟、力求精確、為人可靠、誠實，而且非常注重清潔、控制和秩序。只有當這些優秀的品質被過份誇大時才會表現為強迫性神經官能症，這種神經系統紊亂性疾病根據嚴重程度不同，輕者會強迫性地不斷進

圖4 1913年佛洛伊德在多洛米蒂與女兒安娜在一起。

行檢查和再檢查，重者會由於太過被各種程序所左右而無法正常生活。

佛洛伊德承認他本人具有強迫性特徵。他對榮格(Jung)說，如果他患有神經官能症的話，則是強迫性那種。他智力的超前及他從少年時代開始對學業及工作一如既往的全心投入都是強迫性特徵。他在給朋友弗利斯(Fliess)的信中寫道，他需要一種「主導一切的激情」。他聲稱他不能想像沒有工作的生活。對他而言，創造性想像與工作緊密相連。他是一位極為多產的作家。他的大部分寫作都是在週日進行的，或者是在結束了一天八九個小時非常勞累的分析治療工作之後於深夜完成的。儘管他夏天會去度個長假，在度假時他是一個充滿活力的徒步運動者，但在工作的時候，他很少放鬆休息。

和大多數具有此類性格的人一樣，佛洛伊德的衣着和外表極度整潔，即使在早期生活困窘時，他也艱難地保持着儀容整潔。在他給威廉·弗利斯的信中顯示，有一個理髮師每天來為他打理儀容。佛洛伊德體現了這類性格的人身上最寶貴的品質：謹慎、自律、誠實及對真理的熱切追求。佛洛伊德將強迫性性格描述為「極有條理、十分節儉和倔強」（《全集》簡稱《全集》下同，IX. 169）。他做事有條不紊，為人倔強；在他早年生活極端困頓，經濟上需依靠如約瑟夫·布羅伊爾等朋友的資助時，他生活非常節儉。他

一直崇尚簡樸。據厄恩斯特‧約內斯(Ernest Jones)透露，他只有不超過三套外套，三雙鞋子和三套內衣。在後來的歲月裏，他不能忍受欠任何人錢；並且，儘管他收取有錢人高額診療費用，但他給予貧困者慷慨的經濟資助，這其中包括他的病人、親屬和窮困潦倒的學生。

他也受到了和強迫性性格中那些寶貴品質密不可分的緊張感的折磨。他對數字抱有一種迷信態度。在一封給榮格的信中(1909年4月16日)，他透露說，多年來他堅信他將死於61歲或62歲。1904年，他與他的兄弟去了希臘，他描述這次行程時寫道：這「太離奇了」，61或62兩個數字總是和1或2聯繫在一起。他在雅典的旅館房間號是31，即62的一半。他告訴榮格他的這種強迫性想法開始於1899年。

> 那時發生了兩件事。第一，我寫了《夢的解析》(後來拖到1900年出版)，第二，我得到了一個新的電話號碼，一直使用至今：14362。很容易看出這兩個事件的共同因素。1899年當寫《夢的解析》的時候我43歲。因此有理由斷定，其他的數字象徵着我生命終結的時刻，即61歲或62歲。
>
> (《佛洛伊德–榮格信件》，219)

這些迷信想法通常與強迫性程序和對死亡的着迷相結合，在強迫性神經官能症病例中較普遍。厄恩斯特‧約內斯注意到，與很多其他創造性天才類似，佛

洛伊德在懷疑和輕信之間特別搖擺不定。儘管佛洛伊德並不相信19世紀末期誘惑了許多科學家的靈巫術和唯靈論，但他確實對數字的超自然意義抱有非理性的堅信，對心電感應也不乏熱情。

佛洛伊德還表現出其他一些強迫性習慣和特質。例如，他是個強迫性吸雪茄成癮者。1893年到1896年期間，他患有週期性心律不齊，這可能部分是由吸煙引起的。他發現自己長時間戒煙是不可能的。在他67歲的時候，他的上顎發生了癌變，反復發作，伴隨餘生，實施了30多次手術。儘管他知道，是吸煙產生的刺激導致了病症的復發，他還是不能放棄這個習慣。強迫性個性的人擁有極強的自我控制，這通常使他們顯得十分拘謹、不夠自然，佛洛伊德也是如此。但是抽煙這件事是他的致命弱點，是他行為中具有強迫性、無法掌控的一部分。

佛洛伊德的收藏習慣也很有特色。他的古典研究、對羅馬的浪漫嚮往，和對人類遠古歷史的興趣共同激發了他對古董收藏的熱情。他的維也納公寓照片及在漢普斯特德20號梅爾斯菲爾德花園重建後的公寓（現為佛洛伊德博物館）照片都展示了他的古雕像收藏。這些收藏品密密麻麻地擺滿他的書架及寫字臺，以至於其中任何一件都不能盡顯其作為藝術藏品的美感。這不是一位鑒賞家的藝術品展示，而是一個強迫性收藏者的展示，他的興趣不在於體驗美而在於收

集。佛洛伊德本人也意識到，他對這些物品的興趣，就像他對雕塑的興趣一樣，源於其背後的歷史聯想及其承載的情感與智慧，而非其美學特徵。在《米開朗琪羅的摩西》一文中，他坦率地承認了這一點，這篇文章體現了佛洛伊德對那些也許會逃過大多數觀察者眼睛的微小細節的細心關注。這種對細節的密切關注也體現在他對患者的症狀、夢境和其他心理素材的臨床解析方面。

佛洛伊德對文學有着濃厚的興趣。佛洛伊德本人文風之卓越早在他的少年時代就得到認可。1930年，他成為法蘭克福市頒發的歌德文學獎的第四個獲獎者。佛洛伊德著作集中，對歌德和莎士比亞的參引要多於對任何精神病學家的引用。他對音樂的欣賞僅限於歌劇——那種對不擅長音樂者最具吸引力的音樂表演形式。他的一個侄子把他描述成一個輕視音樂的人。

佛洛伊德拘謹、克制的個性在他的自傳當中也得到了反映，自傳內容幾乎完全集中在精神分析的發展上，對個人生活鮮有披露。早在1885年，他曾致信給他的未婚妻，告訴她他已經毀掉了過去14年中的筆記、信件和手稿。並預見性地補充說，他並不想讓未來給他寫傳記的人輕易獲得素材。佛洛伊德，這個畢生都在探索人們設法深藏的私密的人，卻極其不願意披露他自己。

在他的臨床工作中，佛洛伊德像一名精神分析師

圖5　佛洛伊德的部分古雕像收藏。

應該的那樣，親切而包容。然而，他的和藹可親並不是基於他對人類的任何高遠的期望，他對人類的態度是嫌惡、冷漠超然而非關愛。在一封信中他寫道：

> 總體上我從人類身上鮮有發現「好的」東西。根據我的經驗，大部分都是糟粕。
>
> （《精神分析與信念》，61–62）

一個分析對象記錄道，佛洛伊德是那樣令人驚異地客觀……他如此專注於正在進行的調查，以至於他本人僅充當着一種工具。

他身邊親近的人敬仰他，不僅因他的智慧和深厚的文化底蘊，而且因他的正直和勇氣。也許他很難讓人即刻感受到熱情和溫暖。在(1907年9月2日)給榮格的信中，佛洛伊德寫道：

> 我總覺得在我的性格、思想和講話方式中，有某種東西讓人奇怪和排斥，然而人們卻都向你敞開心扉。如果像你那樣健康的人都認為自己是歇斯底里類型的人，那我只能稱自己為「強迫型」的人，每個這樣的人都在自己封閉的世界裏，單調乏味地生活。
>
> （《佛洛伊德–榮格信件》，82）

佛洛伊德的誠實促使他在一生中幾次根本性地修改了他的思想；但他這樣做幾乎都是因為他有了新的

圖6 佛洛伊德的最後居所入口，位於倫敦西北三區梅爾斯菲爾德花園20號，現為佛洛伊德博物館。

洞見，而不是因回應他人的批評的需要。當佛洛伊德得出某個結論時，他不能忍受不同意見，這種執拗導致了他的一系列合作者及追隨者的背離，這成為精神分析發展史上的憾事。佛洛伊德視這些背離為背叛，而非思想上的分歧。第一個與他疏遠的合作者布羅伊爾對福雷爾(Forel)這樣寫道：

> 佛洛伊德的思考和表述往往是絕對的和排他的……這是一種精神需要，在我看來，這種需要導致了過度概括。

布羅伊爾在這兩點上都是正確的。在對待人性的脆弱面，佛洛伊德體現了非同尋常的寬容。這使人們對神經官能症、性偏離和其他形式的情感不適採取了更文明的態度，因此是佛洛伊德最寶貴的遺產。但是，在精神分析早期發展階段，他不允許與他關係密切的人質疑他獨創的心靈新科學中那些他所謂的基本的、絕對的原則，這不但導致了他與布羅伊爾和弗利斯的破裂，而且致使阿德勒(Adler)、施特克爾(Stekel)、榮格、蘭克(Rank)等人與精神分析運動分道揚鑣。

布羅伊爾關於「過度概括」的說法也是很有根據的。佛洛伊德是個大膽的、有獨創精神的思想者，但是他發明的精神分析療程的性質和長度，意味着他對人性的結論是基於對很小的人類樣本進行分析而得出

的。佛洛伊德的病人主要來自上層或中上層社會，而且，作為早期精神分析理論最初基礎的那種女性嚴重轉換型歇斯底里症，現今已十分罕見。

過度概括對所有獨創型思想者都具有誘惑力，他們通常因為愛上自己的想法而過高估計了它們的價值。也許，新的、不受歡迎的想法將永遠無法贏得人們的注意，除非其創造者堅信它們是對的。佛洛伊德不僅確信他發現了有關人類的新事實，而且他還是一個非常有說服力的作家，在寫作過程中，他努力預測並設法應對讀者對他的理論可能提出的種種批判，這是一種審慎的、讓人消除疑慮的技巧。他能預料到，而且也經常遇到敵意和懷疑。但是他的寫作技巧和他對自己理論正確性的篤信，最終使精神分析成為整個西方世界都認真看待的具有深遠影響的學說。

除了對新思想的高估以外，過度概括的產生還有另外一個原因，它源於強迫性個性思想者們具有的一種典型的欲望或需求。他們的心理模式是建立在對秩序和控制的需求之上，因此他們傾向於找尋一種吸引他們的綜合思想體系，以對人類的存在作出接近全面的解釋，從而使人類有望通過獲取新認識來實現控制自己和外部世界的目的。很多偉大的哲學家，如康德(Kant)和維特根斯坦(Wittgenstein)，都屬此類人，他們創建了自己的體系，不理會他人的思想，通常不能從閱讀其他哲學家的著作中受益或得到愉悅。

佛洛伊德聲稱自己是一名科學家，在專業意義上他顯然不是一名哲學家，他對哲學沒有特別的興趣，儘管在年輕的時候他曾翻譯過約翰·斯圖亞特·密爾(John Stuart Mill)的一部著作。不過，在創建思想體系方面，他與一些哲學家們有類似之處。在精神分析形成之初，它擺脫了諮詢室的狹窄局限，涉獵人類學、社會學、宗教、文學、藝術和超自然領域。如果它不是一種哲學體系的話，至少是一種世界觀；將神經官能症的治療方法拓展為一種審視人性的新方法是源于其創立者的心理需求。

佛洛伊德斥宗教為幻覺，但是他又需要某種系統的方法對世界進行前後一致的解釋。他將自己創立的體系稱為科學；但是精神分析不是一門科學，也永遠不能成為物理和化學意義上的科學，因為它的假設是回顧性的，不能用於預測，而且大多數假設沒有最終證據的支持。佛洛伊德決定論的姿態和認為精神分析是一門科學的堅決主張，使他的發現在波普(Popper)等哲學家和梅達沃(Medawar)等科學家的眼中大打折扣，以至於這些人不能充分領悟作為一種解釋體系和觀察人性的方法的精神分析所具有的重要價值。一部簡短的著述難以盡述佛洛伊德思想的各個方面。在以下章節中，我力求借助現代知識，評述他更為重要的理論。

第二章
從創傷到幻想

1885–1886年間，佛洛伊德在巴黎的短暫停留對他的思想產生了深遠影響。夏爾科多年來一直研究催眠術，目的是發現一種診斷技術，以區分由中樞神經系統的器質性疾病導致的麻痺與歇斯底里性麻痺，即起因為神經疾病的麻痺。夏爾科向佛洛伊德證明，思想雖然是無形的，但是可能成為神經官能症的起因。當一個病人患上了歇斯底里性麻痺後，麻痺的類型並不取決於解剖揭示的事實，而是取決於病人對解剖的錯誤想法。病人並未患上由某個外圍神經損害而造成的麻痺，但他卻顯現出某個肢體的癱瘓，這與他本人認為他的腿或臂的起點和終點的位置是相對應的。夏爾科證明，這樣的麻痺可以通過催眠治療治癒和再次人為引發。

佛洛伊德從夏爾科那裏瞭解到，要瞭解歇斯底里症，必須從心理學而不是神經病學入手。因為病人從催眠誘發的迷睡狀態醒來後，不能回憶起催眠過程中他們被建議做了甚麼，因此催眠實驗也讓佛洛伊德意識到，潛意識裏出現的心理過程可能對行為產生強大影響。

圖7　1887年J.M.夏爾科通過實驗論證一個病人在催眠狀態下的歇斯底里
　　　症狀。A.呂拉根據安德烈・布魯耶的畫作製作的雕板。

圖8　1885年前後，青年時的佛洛伊德。

佛洛伊德因此在治療神經官能症患者時採用了催眠法，並一直沿用至1896年。但是他並不只是把催眠法當作給予積極健康暗示的一種手段。催眠法的第二個也是更重要的方面源自佛洛伊德的朋友兼同事，約瑟夫·布羅伊爾的發現。約瑟夫·布羅伊爾在治療他的著名病例，安娜·歐(貝爾塔·帕彭海姆)時發現，如果她能回憶起某個歇斯底里症狀首次發作的時刻，並重新體驗一遍當時的情感，那個症狀就會消失。布羅伊爾將該方法命名為精神宣洩法。因此，催眠術逐漸被用來促使病人回憶起某些症狀被忘卻的起源。它成為一種調查方法，而不是通過暗示對症狀進行直接治療。

佛洛伊德和布羅伊爾希望所有神經官能症症狀都可以用這種實際上很簡單卻要花很大努力的方法治癒。他們在首篇文章《歇斯底里症研究》中寫道：

> 我們發現，最初這也令我們感到無比的驚訝，當我們成功地將引發症狀及產生情感影響的那個事件的記憶重新追回，當病人將整個事件及其後果極盡詳細地描述之後，那個歇斯底里症狀便立刻、永久地消失了。

以下是布羅伊爾和佛洛伊德的一句名言：「歇斯底里症患者主要經受的是回想的痛苦。」(《全集》11.6, 7)

這些回想是一些特殊類型的回想。首先，它們是有意識的回憶難以觸及的。病人只有在被催眠的狀態下；或者如同佛洛伊德後來發現的當病人被權威地告知有這樣一種記憶存在並可以被追回，在醫師的手觸壓他的額頭的刹那，這些記憶便會重現。第二，這些回想毫無例外都是令人痛苦、羞恥或心驚的回想。於是推斷一定存在某種精神機制，它傾向於將不愉快的記憶從意識中驅逐，並使它們相對難以觸及。佛洛伊德稱這種機制為壓抑；壓抑，作為第一種「防範機制」，成為神經官能症精神分析理論的基石。佛洛伊德假設，在頭腦內部存在一種衝突 —— 力圖進入意識裏、尋求釋放的情感(自覺感情)與因厭惡而拒絕接受或面對它的頭腦的另一部分之間的衝突。

佛洛伊德假定，被否認的壓抑情感因為得不到直接釋放而導致了神經官能症的發生。佛洛伊德將這種心理狀態類比為尚未在體表出現的癤子或膿腫，因為沒能到達身體表面而無法釋放它包含的毒素。這種對神經官能症「外科手術式」的觀點對於作為醫學家的佛洛伊德一定很有吸引力。它隱含的意思是，那種引發神經官能症、被否認了的情感可以被視作一個異物、一個外來入侵者，它不是病人個性中的一部分，因此應該被切除。

對於歇斯底里症，佛洛伊德斷言，被否認的情感轉變成了一種身體症狀，故稱「轉換性歇斯底里」。

很多情況下，身體症狀以象徵的形式表達病人的感受。因此，喉嚨收縮可能表達的是不能吞咽某種恥辱，心區的疼痛可能意指病人的心靈（在比喻意義上）曾破碎或受傷。在其他一些神經官能症病例裏，有很多種症狀，如強迫症和恐怖症，都源自那種力圖以間接的方式得到釋放的被壓抑的情感。

最初，佛洛伊德認為被壓抑的情感總是與創傷相連，即與一些病人希望忘卻的不快事件相關。這種觀察對於現今稱為「創傷後壓力障礙」的疾病來說，仍然是正確的。病人在僥倖逃脫死亡、突發事故或酷刑等恐怖經歷後會患上種種神經官能症狀。就像那些治療戰後神經官能症的醫師反復證明的那樣，幫助病人重現這些記憶、回憶當時的細節、釋放或發洩伴隨這些經歷的擔憂和恐懼，確實取得了有益的效果。

後來，佛洛伊德將此概念進行擴展，把要麼可能是由外界刺激喚起，要麼可能是由病人內心自發產生的尋求釋放的本能衝動包括在內。在一個較早的病例中，一位女孩發現自己如果不小便幾次，就無法離開房間或接待客人。佛洛伊德將這一症狀溯源到某一次女孩在劇院，發現自己被一名男性強烈地吸引，經歷了生殖部位的強烈刺激，使她想要小便而不得不離開了劇院。從那以後，她害怕再次經歷那種強烈的刺激，因此無法控制膀胱的恐懼替代了她對愛欲衝動的恐懼。重現她的症狀源起的記憶，並使她認識和接受

自己的性慾，治癒了女孩的疾病。

當時佛洛伊德還提出，有一類神經官能症直接是由未獲滿足或不完全的性慾衝動釋放而引起。這種不完全的釋放是因為手淫、性交中斷或者單純的性慾節制等導致。佛洛伊德將這些狀態稱為「實際神經官能症」，源於德語中的*aktuelle*，意為「現實的」。用正常的性活動取代先前的做法就足以治癒這種疾病。

即使在精神分析發展的最初階段，人們也可識別出一些後來對佛洛伊德產生影響的思想。第一，除了「實際神經官能症」病例之外，過去的情感都是現在問題的起因；第二，這些情感毫無例外地都是令人恥辱、痛苦和恐懼的，因此遭到否認和壓抑。佛洛伊德一直認為，心靈生活的主導原則要求機體通過完全釋放所有緊張情緒而達到一種平靜狀態(後來被稱作涅槃原則)。其基本假設傾向於否定地看待所有強烈的情感，將其視作必須被消除的煩亂，而不是看作要追尋的快樂。根據佛洛伊德的理論，幸福感是滿足了所有需求、消耗了所有激情之後獲得的。在這裏，沒有「對刺激的需求」，沒有當人類處於一成不變、鮮有外界信息的環境中或者當在平靜的狀態下生活太久而感到怠倦時去找尋情感和智力刺激的需求。

佛洛伊德接下來斷言，在許多歇斯底里症狀中，創傷雖然表面上觸發了症狀，但是它的影響通常太微小不足以成為決定因素。佛洛伊德宣稱，當前的創傷

喚醒了更早的創傷記憶，正是當下的創傷與過去的創傷結合在一起才構成了觸發病症的真正原因。在一篇基於1896年在維也納演講的早期論文裏，佛洛伊德斷言：

> 沒有任何歇斯底里症狀僅僅是由一次真實經歷引發，事實上，在每個病例中，被喚醒的對相關過往經歷的記憶也是導致症狀出現的因素。
>
> （《全集》111.197）

佛洛伊德隨後發表了一個重要言論。在分析了18例歇斯底里症病症之後，他斷言：

> 無論我們的分析始於何種病案、何種症狀，最後我們肯定會回到性經歷方面。
>
> （《全集》111.199）

在同一篇論文中，佛洛伊德繼續寫道：

> 因此我提出我的觀點，即在每一例歇斯底里症的最深處，都有一次或多次未成熟的性經歷。這些經歷發生在童年的最早期，但是可以通過精神分析的方法跨越歲月在腦海中重現。我相信這是一項重大發現，是神經病理學領域中源頭性(caput Nili，尼羅河的發源地)發現。
>
> （《全集》111.203）

哈佛大學心理學教授羅傑・布朗(Roger Brown)注意到，這是佛洛伊德為他的病源理論提供數字證據的最後一次嘗試。並且即使在此情況下，他也沒有論及對照檢驗。雖然如此，佛洛伊德繼續宣稱他是一名科學家。

佛洛伊德的發現使得性慾情感成為主要情感，一旦它被壓抑，就會成為誘發神經官能症的起因。儘管他承認在歇斯底里症當中還涉及其他情感，例如對難以「下嚥」的侮辱的憎恨會導致喉嚨收縮，但是性慾而非侵犯性的敵對情緒一直是他多年來的主要關注對象。因此認為精神分析主要與性有關的普遍看法是很有根據的，儘管精神分析事實上涉及到這種普遍看法之外的更多內容。對佛洛伊德來說，性特別適合作為精神分析理論的中心，因為它不但能產生強大的、通常由於被否認而遭到壓抑的情感，而且能彌合身體和心靈間的差異。這是因為性與很多心理活動相關，如思想、幻想、夢，但又顯而易見和身體相關，無論是從它的荷爾蒙起因還是最終表現形式來看。佛洛伊德恪守在布呂克的實驗室受到的訓練，繼續希望為神經官能症最終找到物理源頭，儘管1897年他已經放棄了將神經官能機制與腦解剖和生理學聯繫起來的嘗試(所謂的「科學心理學計劃」)。在1908年4月19日致榮格的信中，他寫道：

在性過程中我們有不可或缺的「器官基礎」，沒有此，一個醫生在面對精神生活時將不知所措。

（《佛洛伊德－榮格信件》，140–141）

佛洛伊德越來越堅信，神經官能症患者的主要特徵就是缺乏正常的性生活，而性滿足是幸福的關鍵。這暗示說，健康的人可以在反復的、滿足的高潮中釋放他們的性慾衝動造成的緊張，從而反復體驗上文提到的那種沒有緊張感的涅槃狀態。

佛洛伊德起初曾下結論說，在歇斯底里症中，成人對兒童的引誘造成了嬰幼兒時期神經官能症的核心問題——性發育不全。這裏通常是指父親對女兒的引誘，如佛洛伊德在《歇斯底里研究》中描述的卡塔琳娜病例，儘管患者最初是以「舅舅」之名來掩蓋「父親」是引誘者的事實。佛洛伊德意識到，不是所有被引誘過的兒童都會變成神經官能症患者，但是他堅持認為，這是因為他們保留了對那次創傷經歷的有意識的回憶；而那些後來變成神經官能症患者的人正是壓抑了這種經歷。佛洛伊德喜歡概括的傾向使他得出以下結論：他的所有病人在童年時代都經歷過性引誘。對於這個結論，某些情況下他的病人願意承認，但是如同佛洛伊德自己也意識到的那樣，或許因為他太過堅信這一點，而將這種觀點強加給了病人。

有三個原因促使佛洛伊德後來放棄了引誘理論。

第一，儘管成人對兒童的性引誘無疑是發生過的，但是隨着他診斷的病案的逐漸增多，他發現這並不是頻繁出現。第二，如果成為事實的引誘是促使歇斯底里症狀出現的、不可避免的先兆因素的話，那麼佛洛伊德就得被迫得出結論，他的父親也應該為做過同樣的事而負責，因為他的兄弟姐妹身上也發現了一些歇斯底里症狀。第三，在自我分析中，佛洛伊德對性幻想的重要性越來越關注。例如，他承認自己在幼年，當看到母親裸體時曾對她產生過愛欲。他得出結論說，很多病人都描述過被父母引誘的性幻想，而不是回憶真實發生過的事件。

這是佛洛伊德思想的一個重大轉變。像他自己陳述的那樣，這一轉變引發了如下結論：

> 神經官能症狀並不直接與實際的事件相關，而是與一些幻想有關，就神經官能症而言，心理現實比物理事實更為重要。

（《全集》XX. 34）

從那以後，精神分析從試圖發現一系列導致神經官能症暴發的事件，轉向探索病人想像中的世界，尤其是在童年時代曾經出現過的幻想世界。神經官能症的醫學模型幾乎消失了，儘管佛洛伊德依舊相信病人症狀的產生與性緊張相關，是這種緊張遭到抑制，沒有得到適當釋放的結果。

面對苦心構建的假設瓦解是需要勇氣的。佛洛伊德對引誘學說的摒棄，起初被視作是誠實的表現和對真理堅定不移的追求而被廣為傳頌。馬森(J. M. Masson)是佛洛伊德與弗利斯來往信件的編輯者和翻譯者，他在一本書中曾質疑佛洛伊德的誠實。他聲稱，佛洛伊德有意隱瞞他在兒童性引誘方面的發現，是為了不進一步引起已經被他激怒的精神病學家的義憤。這和我們從與佛洛伊德關係密切的人那裏瞭解到的佛洛伊德的品性不符，所以對馬森的指責可以置之不理。不過，近年來精神病學家及其他專家已經意識到，兒童受到的性引誘遠比當時認為的要普遍得多；儘管這種引誘並不像佛洛伊德最初假設的那樣，一定會引發歇斯底里症狀，但是它通常確實會對當事人日後的情感調適造成可怕的後果。

精神分析師們很可能低估了實際生活中性引誘發生的普遍性，他們將病人對真實事件的準確報告處理為幻想記憶。沒有人知道兒童時代的性引誘到底有多普遍；但是無疑，公眾們對談論這類事件的容忍度的逐步提高，及使兒童得以私下向家庭以外能夠理解他們的成人述說性侵犯的機構的設立，已使很多先前沒有得到報告的案例為人知曉。

對病人內心幻想世界的專注已經導致精神分析師們不但忽視了性引誘的嚴重性，而且忽視了其他影響人們生活的真實事件和情境。就像我們將會看到的，

這是約翰‧鮑爾比(John Bowlby)等批評家們對「傳統」精神分析提出的批判之一。但是佛洛伊德對幻想的重要性的認識是精神分析理論構建過程中的一個里程碑。他意識到，被壓抑的並不通常是對實際發生過的創傷事件的記憶(儘管這種情況當然可能存在)，而是以幻想形式表現出的本能衝動。在此基礎上，佛洛伊德構建了他的嬰兒性慾和原慾發展理論，及他對夢的解析。

第三章
探索過去

嬰兒性慾的發展

佛洛伊德對引誘說的捨棄並沒有影響他對神經官能症與性功能障礙密切相關的堅信，也沒有動搖他認為神經官能症的病源要追溯到早幼時代這一信念。但是，他沒有繼續將注意力集中在創傷事件上面，而是轉而研究兒童的性慾和情感發展，並指出，成年後出現的神經官能症是由於兒童的性慾發展在身心尚未發展成熟的某個階段部分遭受阻礙的結果。如他自己陳述的那樣：

> 一套理論開始形成。它闡明，神經官能症患者的性慾還停留在、或者被帶回到了一種嬰兒狀態。

> (《全集》VII. 172)

與他提出的心理過程應盡可能以「不可或缺的器官基礎」來描述的要求相一致，佛洛伊德以身體部位，而不是以感知、認知、學習、或依附等方式，描

述了他的關於嬰兒性慾發展階段的理論。在生命的第一年裏，嬰兒身體的滿足集中在嘴部，這是「口慾期」。大約從一歲到三歲，肛部取而代之。隨之而來的是「生殖器期」，在此階段陰莖和陰蒂成為原慾投入和自慰活動的焦點，儘管幼兒還不能與他人完成生殖器交媾。在最後的「性徵期」階段，個體已經具備與異性之間建立完全滿足的性關係的能力，這個階段要到青春期之後才能到來，甚至在擁有最成熟性格的人身上都能發現原慾發展的早期痕跡。

在佛洛伊德關於嬰兒性慾發展的最初陳述中，其重點放在了自體情慾上面，即嬰兒關注自己身體的變化，而不是與他人關係的變化。佛洛伊德認為，幼兒在「口慾期」會短暫地依戀母親的乳房，但是口慾本能隨即使嬰兒脫離乳房，轉而在吸吮手指和咀嚼等活動中獲得滿足。儘管佛洛伊德繼續認為創傷事件是形成障礙的一個原因，但他將嬰兒的發展描繪為一種內在過程，僅與母親或保姆之間的交流有細微的關聯。佛洛伊德直到晚年才開始認識到嬰兒與母親之間關係的重要性。在此之前，母親的角色主要被認為是滿足嬰兒需求，緩解令其感到危險的緊張情緒。母親沒有被視作除了與嬰兒交流情感、緩解其緊張情緒之外還能提供激勵和學習機會的人。

佛洛伊德將嬰兒性慾描述為「多形性反常」，即鬆散地由一些子本能組成，它們最初趨於獨立存在，

但後來合併成為成年人的性慾。這些子本能包括性虐待和受虐待衝動、同性戀興趣、裸露癖和窺淫慾及戀物症。所有這些子本能在正常人身上都能找到痕跡，但在神經官能症患者身上特別突出。佛洛伊德當時認為，神經官能症狀是早年某些反常的性慾衝動遭受壓抑的結果。由於這種早期的壓抑，神經官能症患者的性慾一直處於未成熟狀態。當一個或另一個子本能被誇大但未被壓抑時，該人即會成為性變態，即他在現實生活中表現出反常性傾向。因此，神經官能症患者和性變態的心理和情感都是在性慾發展的早期就已固結，只是他們應對固結的方式不同而已。正是基於這個觀察，佛洛伊德作出了以下著名的論斷：

> 神經官能症，可以說是性變態的底片。

（《全集》VII. 165）

19世紀末，很多研究者都對人類性活動中的古怪行為感興趣；但是佛洛伊德在說服醫生和公眾相信性變態是一種精神性慾發展的失調，而不是「遺傳污點」或「墮落」的表現方面最具影響力。他尤其強調男人和女人都具有的雙性特徵。

在有些人身上，早期原慾發展的痕跡一直如此之深，以致於人們習慣稱之為「口慾」或「肛慾」性格。口慾性格的特質主要由佛洛伊德的弟子卡爾·亞

伯拉罕(Karl Abraham)進行了總結研究，而佛洛伊德本人的研究則集中在肛慾性格上，就像人們從第一章中對他的性格介紹裏可以預測到的那樣。沒有人對生殖器慾性格特點特別關注，但是里克羅夫特(Rycroft)在他的精神分析學字典裏，將生殖器慾性格解釋為：

> 這種性格的人將性行為看成性能力的展示，這與「性徵期」性格相反，後者將性行為看作是一種關係中的參與。

在多種口慾性格特徵中，被動、依賴和對自我能力的懷疑常聯繫在一起。這些特質通常在反復發作性的憂鬱症患者身上出現。一些體現這些性格特徵的人也具有其他「口慾」習慣，例如吸吮手指、暴食、過量吸煙、酗酒。這些行為模式被精神分析師們認為是對早期被迫脫離母親乳房的失落感的一種補償。在性變態身上，對舐陰和吮吸陰莖，甚至對親吻的特殊偏好，都可能是持續口慾型精神病理的證據。但是還沒有強有力的證據證明脫離乳房與後來的口慾行為或特徵相關。最好是將口慾行為看作是一項有價值的臨床觀察病案，對它的起因不作特別的結論。

「肛慾」性格也是如此。對秩序和整潔的格外偏好被認為是對抗與糞便相連的骯髒與混亂的「反向形成機制」。固執被解釋為源於對父母堅持排泄只能在

某個特定環境下進行的要求的一種反抗；吝嗇被解釋為與嬰兒渴望體會盡可能長地忍住糞便所帶來的快感相關。如佛洛伊德從神話、童話和公眾演講中所發現的，金錢和糞便經常被用在諸如「骯髒的錢財」、「摳門兒」等短語中。在性變態而非神經官能症患者身上，很容易看到他們對排泄和肛門的偏好，例如在薩德(Sade)的《索多瑪120天》中描述的那樣。

在對強迫性神經官能症和「肛慾」性格特質的形成是否與嚴厲甚至古怪的如廁訓練相關這一問題的研究中，前後一致的因果聯繫尚未找到。但是佛洛伊德描述的相互關聯的特質，確實在現實中時常同時出現。儘管佛洛伊德對原因的解釋很少得到支持，他的臨床觀察和描述是十分準確的。

俄狄浦斯情結

我們現在來談一下令人困惑的俄狄浦斯情結和兒童失憶問題，以及所謂的潛伏期。潛伏期被認為是繼俄狄浦斯階段後出現的。佛洛伊德俄狄浦斯情結理論的形成源自他的自我分析。在1897年10月15日致弗利斯的一封信中，佛洛伊德寫道：

> 進行自我分析是我目前最為重要的事，如果它能實現目標的話，將是我最有價值的財富……但這絕非

易事。對自己做到完全誠實是一項很好的訓練。有一個具有普遍價值的想法在我的腦海中浮現。我發現，我愛我的母親而嫉妒我的父親，現在我把這件事情視作兒童時代早期的一個普遍現象，儘管對患上歇斯底里症的兒童來說它發生得並不早。（類似於妄想症中對出身[家庭韻事]的杜撰——英雄，宗教的創立者。）如果情況如此的話，那麼我們就能夠理解俄狄浦斯不顧理性對命定之事的所有反對而展現出的攫取的力量；我們也能夠理解為甚麼後來的「命運的戲劇」是注定要慘敗的。

（《佛洛伊德–弗利斯信件》，271–272）

佛洛伊德得出結論說，當他在大約四五歲進入「生殖器期」的時候，作為小男孩的他對母親產生了性慾興趣，他希望能獨自擁有她，因此對他的父親心懷敵視。然而，這種敵視激起了害怕父親報復的恐懼，而報復的方式可能是閹割。「閹割情結」的出現部分上是因目睹過他手淫的成年人曾對他進行過閹割威脅而引起；部分上是由小男孩自己的假想而引起，他推斷女孩沒有陰莖就是因為被閹割了的緣故。迫於失掉他身體上最寶貴的部位的威脅，小男孩無意識地放棄了與他母親性結合的願望，認同了具有潛在攻擊性的父親，最終將注意力轉向其他女性以獲得性滿足。

佛洛伊德關於女性俄狄浦斯情結的研究結果並不

那麼清晰，這與他一生中一直認為女人是個謎的觀點相一致。然而佛洛伊德得出結論說，儘管小女孩首先和她的母親產生感情，但是當她發現自己沒有陰莖，並因此低人一等的時候，她將這個缺陷歸咎於她的母親，從而對她產生幻滅情緒。這使她將愛的對象轉向父親，開始幻想他能使她受孕。佛洛伊德認為，受孕後所生的孩子會彌補女孩因缺少陰莖而感到的缺憾，在這個意義上可以說是對女孩不具備的器官的替代。當女孩逐漸意識到，其他男人可以成為潛在的、使她受孕、生育的對象，因此克服了她揮之不去的自慚形穢感後，上述情感發展階段宣告結束。

佛洛伊德將俄狄浦斯情結視為任何人如果希望成年生活穩定和幸福所必需經歷的重要情感階段，這種大膽的觀點似乎很不成熟。我們已經看到，佛洛伊德一如既往地力圖將心理和情感問題歸於生理原因。如果只按字面意義去理解，那麼他宣稱所有小男孩都懼怕被父親閹割這一論斷是可笑的。但是，如果我們換個角度去解釋，肯定地講，男孩子非常在意樹立自己男人的身份，他會感到來自父親的競爭，在別人輕蔑地談論他的身材、軟弱、無能和缺乏經驗時容易感到屈辱和威脅，對這樣的解釋大多數人是會接受的。

而且，成年男子和小男孩一樣，覺得他們的生殖器是他們生理構造中最脆弱的部分。佛洛伊德關於閹割焦慮在成年男子身上表現更強，而失去愛的恐懼在

女性身上體現更明顯的論斷是有科學依據的。女性雖然恐懼陰莖插入，但是因為她們的性器官相對隱蔽，所以她們並不十分害怕受到傷害。男性的生殖器不但沒有保護，而且對疼痛極為敏感，世界上的迫害者們一直深諳於男性的這個弱點。對接受兒科門診治療的孩子們的問詢顯示，只有極少數的孩子認為女孩本來是有陰莖的，只是因為各種原因失去了它。閹割焦慮已經成為日常話題的一部分。那些熟悉精神分析術語的人經常把它當作一種日常生活中簡略的表達方式，因此，一個人由於某種原因不能開車或繼續他的工作時，他會說，「我感覺被閹了。」佛洛伊德堅持使用這個詞的字面意義而不是它的比喻意義，這導致了對他的理論的廣泛誤解。

同樣的情況適用於「陰莖妒羨」這個概念。在佛洛伊德時代，男性的主導地位比現在更為明顯。因為男性掌握大部分權力，很多女性認為自己地位低、不被認可、受輕視、軟弱。生孩子是使女性感到與男人平等或勝於男人的一種方式。如果我們用心理學術語而非解剖學用語表達佛洛伊德的觀點的話，那麼很少會有人質疑它。正如榮格所說，「畢竟，陰莖只是一個生殖象徵而已」。

在提出嬰兒性慾觀念和俄狄浦斯情結時，佛洛伊德一直強調這樣一個概念，即無論從情感、性及其他方面，兒童都是成年人的原型。在佛洛伊德寫下這些

理論的時候，還沒有動物學家對類似人類的靈長類動物做過相關實驗，後來實驗證明嬰兒期與外界隔離狀態的延長會削弱成年動物交配或進行正常社交活動的能力。今天，我們自然而然地認為，兒童與父親或母親的親密關係，包括身體上的親密接觸，很可能影響他成年後與同齡人形成溫暖、友愛的關係的能力。我們能夠這樣設想主要歸功於佛洛伊德，儘管對他關於童年的理論和看法我們現在或許並不是全都認同。

佛洛伊德認為俄狄浦斯情結是普遍存在的，但是我們可以辯駁說，這是一個非常西方式的觀點，尤其適合「核心」小家庭。那麼在一夫多妻的大家庭裏長大的孩子，是否也同樣會有佛洛伊德從他的病人身上發現的那種嫉妒、佔有和恐懼心理呢？我們無從知曉，但是軼事證據表明情況正好相反。一位尼日利亞分析師告訴我，他在訓練分析過程中，花了一年多時間才使他的分析師瞭解那種一夫多妻制的家庭中全然不同的情感氛圍。

我們已經看到，至少在佛洛伊德思想形成的早期階段，他更關注兒童與父親而非與母親的關係。而且，父親總是被刻劃成獨斷專行和嚴厲的，禁令和威脅總出自於他，他也是後來被稱為「超我」的產生根源。佛洛伊德認為男性在孩提時會經歷一個與父親競爭的階段。現代研究支持這一論點，但是研究結果暗示，男孩子後來與父親形成的認同並不是「對攻擊者

的認同」，而是因為父親做出了友好和充滿愛意的舉動。正如菲舍爾(Fisher)與格林伯格(Greenberg)所說：

> 男孩子似乎放棄了與父親的激烈競爭，因為父親傳達了友好、正面的信息邀請他加入，而不是與之爭鬥……父親邀請兒子走近他，形成同盟，接納他，並接受他的價值觀。(p. 222)

嬰兒失憶

　　大多數人很少記得嬰幼時期的事。問詢結果顯示，人的「最初記憶」始於三點二歲。佛洛伊德將嬰兒失憶歸因於壓抑，認為每個人都寧願將最早的性衝動和性經歷放逐到潛意識之中。這看起來是不可能的，尤其不可能出現在將兒童之間的性遊戲視為娛樂而不是恐懼的文化裏。那麼還有更可能的原因。研究表明，記憶力的發展是一個漸進的過程。記憶、保持記憶和回憶的能力在語言能力獲得之前都是很弱的。例如，沒有人知道三四歲的兒童可以回憶起多少更小時候的事，對那時的記憶都會消失。甚至對成年人而言，他們對近期發生的事件的記憶也是短暫的，除非通過重溫而使之鮮活起來。沒有語言能力，重溫便不可能發生；因此，在語言能力充分發展之前，記憶不可能被很好地留存不足為怪。

潛伏期

　　佛洛伊德認為，俄狄浦斯情結階段結束之後會有一個「潛伏期」，大約從五歲左右一直持續到青春期。在此期間，性衝動和性行為儘管沒有被擯除，已表現得並不明顯。但是研究結果並不支持這個推想。在性寬容的文化裏，性遊戲在整個童年中期都是常見的；甚至在不贊成性遊戲，性遊戲因而被遮掩的文化裏，也有證據表明，手淫、異性間及同性間的性遊戲都隨着年齡增加而增多。

　　然而，佛洛伊德關於人類經過兩個快速成長和發育階段的理解是正確的。從出生到五歲，這一階段人類成長速度很快；然後是成長曲線上升相對趨緩的階段；之後是青春期到來之前的又一個快速發展階段。人類的適應能力很大程度上依賴於文化的學習和傳承，要使學習和傳承有效進行，孩童時代的依賴期就要延長。大概正是出於這個原因而出現了介於兩個快速發展階段之間的一個發展相對緩慢的潛伏階段。人類很多的問題都可以合理地歸結到未成熟階段及對父母依賴期的延長。佛洛伊德認為孩童將異性父母看成了第一個性對象，這在某種程度上解釋了一些成年人在性方面遇到的困難。一個沒有脫離對父母情感依賴的男人或女人很可能將潛在的性伴侶在一定程度上視為父母。這在性及其他方面將使彼此關係複雜化。根

據佛洛伊德的理論，對異性父母的俄狄浦斯似的依附，(至少對男性來說)會伴之以閹割威脅。繼續主要或者部分地將女性視為母親的男人，會認為女性既具有性吸引力又是潛在的危險。這種理解很可能帶來一系列的性障礙，包括徹底疏遠女性、部分或完全的性無能，或者一定要借助帶性虐待性質的儀式或物件的慰藉，才可能性交。儘管俄狄浦斯情結理論在很多方面都有待考證，但是它總的框架在解釋很多之前無法解釋的性困難和異常性行為方面，是非常有力的。

佛洛伊德的錯誤在於，他將性心理發展置於如此核心的地位，以至於其他所有形式的社會和情感發展都被認為源出於此。在他的關於列奧納多的論文中，佛洛伊德甚至將好奇心和求知慾都歸結於出自性慾。他一定已意識到，很多動物都表現出明顯與適應環境相關的探索行為。這樣的行為更類似於人類對知識的探求。但是佛洛伊德是如此堅持性慾是原動力，認為昇華了的嬰兒性慾研究為人類繼續追求知識提供了動力。今天，大多數研究兒童發展的學者只將性慾看作是鏈條上的一環，而不是根本原因。人際關係困難也許和早年經歷的、與性毫無關係的不安全感有關，但是也同樣可能導致日後的性問題。同樣，性慾發展中經歷的困難也可能導致後來出現的社交問題。

第四章
自由聯想、夢與移情

自由聯想

佛洛伊德在發展其神經官能症理論的同時，也在不斷改變他的治療技術。從1892年開始，他逐漸放棄了催眠術，而偏好用自由聯想進行診療。病人依舊被要求躺在躺椅上，佛洛伊德坐在病人視線之外的躺椅一頭，但是他已不再試圖通過催眠或者將手按在病人的額頭之上的方式使其追回記憶。相反，他要求病人不受限制地講出任何自發的想法或幻想。這種技術上的變化不僅對精神分析，而且對大多數之後出現的精神療法及其他情況下的人與人之間的互助都產生了持久的影響。自由聯想的使用迫使病人採取主動，使精神分析師採取一種比人們傳統上認為醫生應持的態度被動得多的態度。催眠法治療主要依賴病人的服從和醫生的權威。自由聯想則要求病人保持更多的自主權。因此，精神分析成為一種幫助病人自助的手段。病人需要將精神分析當作一種更好地瞭解自己的手段，而不是向精神分析師尋求直接意見、正面建議或

具體的指示。有了這種新的領悟後，病人被期望能夠解決自己的問題。

夢

如果一位躺在躺椅上的病人進行自由聯想，她很可能不時會告訴精神分析師她的夢境，因為夢通常是令人印象深刻或不安的精神現象。儘管在佛洛伊德研究夢之前已有很多關於夢這一主題的文獻，但是佛洛伊德堪稱是綜合各種說法，使夢成為了一個合理的研究對象，並創立了關於夢的理論及解析方法的著名先行者。

《夢的解析》於1899年11月首次出版。1895年7月，在位於維也納郊外的美景宮逗留期間，佛洛伊德做了著名的「伊爾瑪注射之夢」。這個夢的細節(後來引發了大量研究)對我們並不重要。佛洛伊德對這個夢的解釋是，它試圖免除他曾誤診某病人的責任，因而代表了一種願望的實現。1900年6月12日，當他再度在那裏停留時，他在給弗利斯的信中寫道：

> 你覺得會不會有一天，人們會從這座房子的一塊大理石碑上讀到這樣一段話？
> 在這裏，1895年7月24日，夢的秘密展現在了西格蒙德·佛洛伊德博士眼前。

(《佛洛伊德—弗利斯信件》，417)

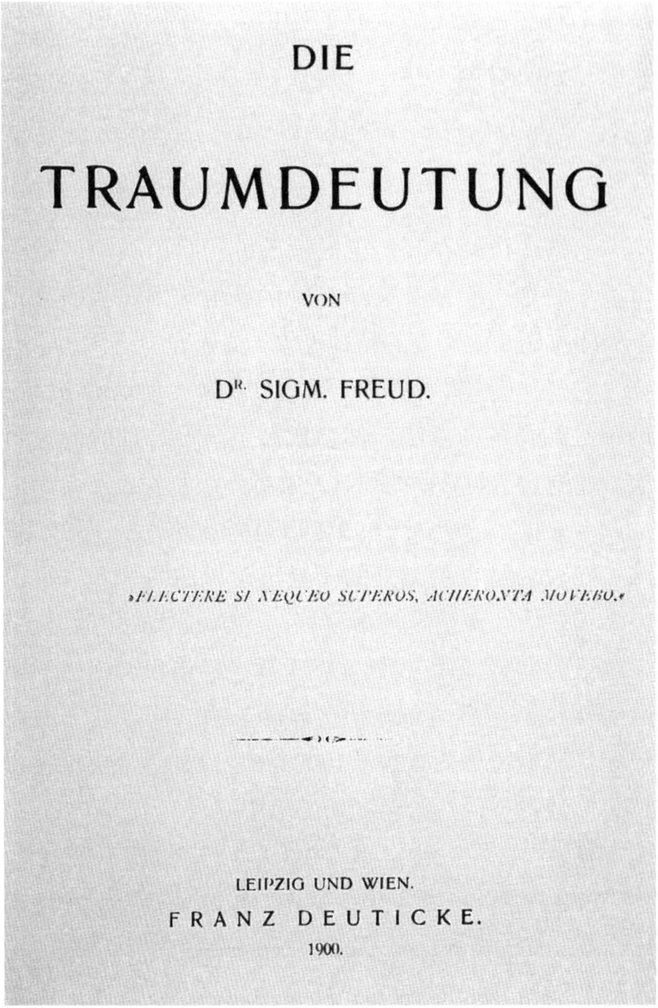

DIE

TRAUMDEUTUNG

VON

DR. SIGM. FREUD.

»FLECTERE SI NEQUEO SUPEROS, ACHERONTA MOVEBO.«

LEIPZIG UND WIEN.

FRANZ DEUTICKE.

1900.

圖9　《夢的解析》第一版的扉頁。

圖10　1895年，美景宮。

佛洛伊德的幻想在1977年5月6日成為現實，一塊紀念匾額被立在那裏。

1931年，佛洛伊德在英文第三版《夢的解析》的序言裏寫道：

> 這本書在1900年首版時對心理學所作的震驚世界的新貢獻在這一版裏基本保留、未作改變。即使在今天看來，它仍包含着我幸運地獲得的所有發現中最具價值的發現。這樣的頓悟一生只可能幸運地獲得一次。

> （《全集》IV, XXXII）

有創造力的革新者往往都不是他們著作的最好評判者。佛洛伊德關於夢的理論，儘管依舊有影響力，但並沒有像他相信的那樣，能經得起時間的考驗而不用修改。他的最終理論醞釀了很長時間，在精神分析誕生很多年以前，當佛洛伊德還是醫學院學生的時候，他就已對夢產生了興趣。我們在此無需記錄這個理論經歷的各個階段，僅需陳述它的最終形式。

佛洛伊德斷言，除極少數情況外，夢都是被壓抑願望的一種經掩飾的、虛幻的實現。他還斷言，夢不僅代表現在的願望，而且還總是表達可以追溯到童年早期的願望。這個理論顯然源自或類似第二章提到的，佛洛伊德關於歇斯底里症的早期論述。在對歇斯

底里症的論述中，佛洛伊德推想，創傷事件之所以觸發了現在的症狀，只是因為它激起了兒時的創傷記憶。佛洛伊德將夢看作類似於神經官能症狀。因為正常人也做夢，佛洛伊德關於夢的理論支持這樣一個觀點，即神經官能症患者和正常人是不能被嚴格區分的。這樣，他為把精神分析構建成一個具有普適性的心理理論作了鋪墊。

這個獨創性的理論使他更堅信幾乎所有的神經官能症狀都起源於童年早期。他相信，夢為被壓抑了的嬰兒性慾提供了間接表達，這種表達如果不加掩飾，將會使夢者非常不安以至於從夢中驚醒。

> 我們關於夢的理論認為，嬰兒時期的願望是形成夢的不可或缺的動力。
>
> （《全集》V. 589）

這些願望是不被接受的和潛在使人不安的，因此它們被審查和掩飾。浮現出來的夢境，就像神經官能症狀一樣，是潛意識的壓抑和直接表達之間的一種妥協。經常出現在夢中的前一日發生的事件之所以重要，僅僅是因為它們與被壓抑的嬰兒衝動產生了共鳴從而將其激活。

佛洛伊德描述了夢被改變得不那麼擾人的精神過程，或「夢工作」。這個過程包括凝縮，即不同想法

和形象融合在一起；轉移，即一個潛在令人不安的形象或想法被相關的、但不是那麼令人煩擾的事物所替代；表現，即思想被轉化為視覺形象；象徵，即某種中性的事物代表或者暗指性生活的某個方面，或者與之相關的、夢者不願辨認的一些人物。佛洛伊德還提到了次級修改過程，即夢者力圖通過將夢變成一個連貫的故事從而使它可以被理解，而這樣做可能導致夢的進一步扭曲。

這個觀點意味着，夢者回憶起來的夢，已經經歷了一個非常複雜的掩飾過程，而這個過程掩藏了夢的真實含義。佛洛伊德提出了「顯夢內容」概念，即夢者回憶起來的東西。與之相對的是「隱夢內容」，即被隱藏的、夢的真實含義，此內容只有在夢者與夢中形象的關係經由精神分析的審察和解釋之後才能確定。

佛洛伊德的夢理論同時反映了他對目標的專一和他的概括傾向。他認定嬰兒性慾願望是神經官能症的根源，他確信他的這個看法是正確的。在佛洛伊德看來，夢是原始的、非理性的精神現象，它忽視邏輯、秩序和有意識接受的時間及空間標準。但是，

夢的解析是通向瞭解心靈潛意識活動的捷徑。

（《全集》V. 608）

因此，從根本上說，夢一定是與嬰兒性慾這一精

神分析理論的「不可或缺的器官性基礎」相關的，儘管初看起來很多夢似乎與其他事情有關。

佛洛伊德解析夢的方法是極富創意的；但是連他自己都不得不承認，有些類型的夢並不適合他的理論。首先，有些夢不需要解析，例如饑餓的人夢見食物，口渴的人夢見喝水。這些被稱作「便利性」的夢當然表達的是願望，但是它們只與夢者的現狀，而不是與他的嬰兒時代相關。第二，有些「創傷性」的夢不加掩飾地重複某些突如其來的震驚事件，如車禍、爆炸，或者無緣無故受到的攻擊，如強姦或其他類型的身體攻擊。佛洛伊德最終承認，這樣的夢不能被視作願望的實現。他相信，當創傷事件發生得如此突然，以至於人的心靈不及作好應對焦慮的準備以禦防打擊時，人才會做這樣的夢。他寫道：

> 這些夢努力通過產生焦慮來回顧性地控制這些刺激，而缺乏這種焦慮是導致神經官能症的原因。
>
> （《全集》XVIII, 32）

儘管在這篇論文中，佛洛伊德談到了「復舊的強迫性」，但他並沒有談及有些遭受創傷的人會有意識地表現出和「創傷夢」中一樣的行為：他們努力通過向任何可能的聽眾重述他們的創傷事件，從而接受或克服他們所經受的震驚。第二次世界大戰空襲過後的

那類「轟炸故事」往往是冗長乏味的。

　　第三，有時等同於惡夢的焦慮夢也似乎與佛洛伊德的願望實現理論相矛盾。佛洛伊德從兩個方面解釋了這類夢。首先，焦慮可能只是與「顯夢內容」相關，而精神分析肯定會顯示願望的實現包含在「隱夢內容」中；或者可能是由於壓抑和夢工作部分地失敗，而使與被禁止的衝動相關的焦慮得以顯露的結果。在這種情況下，夢者通常會醒來，因為這樣的夢沒有履行它們作為睡眠護衛者的職能。應該加以說明的是，當佛洛伊德闡明他的夢理論的時候，他認為焦慮不過是沒有得到釋放的性慾能量的表現。後來，在《抑制、症狀與焦慮》一書中，他逐漸將焦慮視為顯示可能威脅到自我、使個體感到無助的危險的信號。例如，小孩可能感到不能釋放或無法應對內心產生的侵犯或性慾衝動。或者說他可能因為失去了給予他愛和保護的父母，而無緣無故地感到受到威脅。佛洛伊德並沒有修改他的夢理論以將他對焦慮的新解釋包括進去。

　　第四，無論男女，都經常做那種達到性高潮的性夢。這類夢裏的意象要麼可能是象徵性的，要麼可能是不加掩飾的。佛洛伊德學派的人試圖對此作出解釋，他們斷言那些公開顯示出來的性願望是夢者能夠接受的願望，而以象徵形式出現的願望則是不被夢者接受的願望。但是這種說法並不能解釋既包含公開表

露的性衝動但又使夢者痛苦的夢。認為夢總是隱藏被壓抑的願望的說法是站不住腳的。儘管佛洛伊德固執地認為，被壓抑了的嬰兒願望導致了夢的產生，但是大多數他提供的臨床例證卻關乎成人生活中的情感：競爭、不當的性慾，或者如他的「伊爾瑪」夢中反映出的希望免被譴責的願望。今天，只有很少的精神分析師支持佛洛伊德夢理論的原型。儘管有些夢與沒有實現的或陰暗的願望有關，但不是所有的夢都是這樣。而且，如果夢都是以間接的方式越過潛意識的控制，表達被壓抑的嬰兒衝動的話，那麼人們應該期待，隨着年齡的增長，睡眠中做夢的時間比例應該增加。但事實上，腦電圖研究表明，嬰兒做夢的時間要多於成人；這個信息佛洛伊德當時是不知道的。儘管夢不是用日常語言來表達的，但是這並不說明它們一定隱藏着不可接受的內容。詩歌是一種以象徵和比喻為主要特色的人類語言。詩經常是難以理解，但是我們通常並不因此認為它是在故意閃爍其詞。

象徵可以解釋為「代表某種東西，或者有代表性功能的任何事物」。一個普通的例子是國旗。「佛洛伊德的象徵物」被人們通常理解為出現在夢裏或幻想中代表生殖器官的物體。因此，中空的物體，如洞穴或手提包，可能象徵着女性生殖器；而劍、雨傘，或鉛筆被認為是暗指陰莖。如里克羅夫特在他文中指出的：「佛洛伊德的象徵論是個謎嗎？」佛洛伊德最初

圖11　1914年佛洛伊德在維也納伯格街19號的寓所。由其子拍攝。

並不太重視性象徵(符號)，只是後來受威廉‧施特克的影響才對此關注起來。意識到象徵的重要性以後，佛洛伊德以通常的簡化還原方式這樣描述道：

> 夢中絕大多數的象徵都是性象徵。
>
> (《全集》XV, 153)

然後他列出大量上述類型的物品。換言之，佛洛伊德認為象徵的主要功能就是隱藏性慾，或者使性慾從解剖學角度變得更可接受。就像我們將在第八章論及佛洛伊德對藝術和文學的觀點時會看到的那樣，佛洛伊德對幻想抱以同樣否定的看法，他認為幻想根本就是一種逃避。

與佛洛伊德的看法不同，如果我們將內心想像世界的發展和象徵能力的發展看作是並肩發展的適應能力的話(人類的這種適應能力尤其發達)，那麼我們就可以看出，象徵可以發揮填補內心世界和外部世界之間空白、賦予外界事物以情感意義的正面作用。溫尼克特(Winnicott)在《從兒科學到精神分析》(1975)一書中的一篇1954年撰寫的論文裏描述的「過渡性物體」就是典型例子。年紀很小的孩童對一些非生命物體產生強大的依附心理，不願與之分離，例如，玩具熊或毯子的一角。這些物品原本象徵着母親。但是，因為這些象徵性物品是真實存在的，而不能僅視其為

想像而不認真對待。賦予這些物品重要意義的象徵過程也不能被視為逃避主義，因為一個過渡性物體充當了真正的慰藉者。如同我們在隨後的章節中即將看到的那樣，佛洛伊德將精神活動嚴格地劃分為理性的和非理性的，或「次級過程」與「初級過程」，這種劃分產生了無窮的問題。

佛洛伊德關於夢的理論似乎基於這樣一個假設：因為壓抑是將無法接受的事物驅逐到潛意識中的一種機制，那麼所有潛意識的東西都是負面的。佛洛伊德在1915年發表的《論潛意識》一文中寫道，「被壓抑的沒有涵蓋所有潛意識裏存在的東西」（《全集》XIV.166），但是在他最初關於夢的理論裏面卻幾乎沒有談及這一點。有很多種原因可以使我們認為潛意識中出現的事物並非只是，甚至並非主要是壓抑的結果。有些夢明顯具有創意或者是提供了問題的解決方案。現代理論家傾向於從信息加工的角度看待夢；夢也許是將當日發生的事情與存儲在長期記憶中類似的經歷相比較的結果。但是，儘管佛洛伊德的夢理論存在缺陷，我們需要承認，是佛洛伊德使夢重新成為一個值得研究的現象。

移情

佛洛伊德採用自由聯想方法的另一重要結果是他

發現了移情。移情最初被定義為一種病人將對他生活中的其他人物，尤其是父母的態度和想法賦予分析師的過程。現在這個詞的含義得到了擴展，包含病人對分析師的所有情感態度。如果鼓勵病人去毫無忌諱地講出她能想到的任何事情，那麼她不僅會講她的神經官能症狀和兒時經歷，而且還會講她的希望與恐懼，成功與失敗，及她現在的人際關係，包括與分析師之間存在或缺少的關係。

作為一名科學家和醫師，佛洛伊德最初的希望是找到神經官能症的病源及根治它們的治療方法。如果病人能夠規避壓抑，回憶起她嬰兒時代的成長變遷，那麼那些阻止本能衝動釋放的障礙就可以被克服，那些由於壓抑和釋放之間的妥協而產生的症狀就會消失。根據這種觀點，神經官能症的治療被比作身體疾病的治療。就好像結核菌可能被視作肺結核的病因，應該用一種嚴格的療法將其消除一樣，神經官能症是由被壓抑了的嬰兒期衝動引起，因而要通過回憶和消除那些衝動來治癒，從而克服那些阻礙病人性成熟的障礙。精神分析因此被看作是一種如同其他醫療技術一樣可以被學習的技術。精神分析師可以扮演一名技術高超的醫師的傳統角色：慈愛、體貼，但本質上是客觀、超然的。

這當然是佛洛伊德起初試圖採用的模式，一種醫患之間職業的、客觀的，而非私人的關係，儘管個人

因素，如感激會在有限範圍內存在。佛洛伊德將自己比作登山嚮導。如我們在第一章中看到的，佛洛伊德是一個特別超然的人，至少被他的一個分析對象描述為「令人驚異地客觀」。當佛洛伊德放棄了催眠術和額頭按壓，轉而青睞自由聯想之後，嚴格意義上講他已經沒有必要讓病人仰臥在躺椅上了。但是佛洛伊德保留了躺椅，而且他繼續坐在病人的視線之外，這樣做部分是為了方便病人自由聯想，而部分原因，如他承認的那樣，是他不願意一天當中被病人盯視數小時。他堅持不公開姓名和拒絕回答關於自己的問題可能與他的個性有關。從第一章中我們得知，佛洛伊德極不願意透露他自己的任何事情。但是他的這種不情願結果證明是一種喚起病人幻想的有力手段，如果佛洛伊德採取的是一種更加主動的態度，那麼可能永遠不會出現這種效果。醫師的客觀超然仍然是當代精神療法的重要方面。

正是佛洛伊德的這種超脫和拒絕與病人進行私交，促成了移情現象的出現並使這些現象明晰起來。

當佛洛伊德發現他已成為病人很重要的情感依託時，他的首先反應是負面的，儘管他很快意識到移情是精神分析過程中至關重要、不可避免的一部分。佛洛伊德最初將移情視作對精神分析師的一種愛欲依附，事實上也可能如此。然而，無論這有多麼不妥，佛洛伊德仍認為，它是克服病人抵抗情緒的有效途

徑。後來，佛洛伊德逐漸將移情視作人為誘發的神經官能症，病人再現先前對父母的所有態度。佛洛伊德力圖通過解析將這種重複再現轉為回想，斷言這些記憶是屬過去的以減緩病人現在情感上的緊張。

直到1910年6月5日，佛洛伊德依舊對移情表示反感，儘管他承認移情的重要性。在致費斯特（Pfister）的信中，他寫道：

> 說起移情，它簡直是禍根。病症裏那些難以處理的、強烈的衝動甚至通過精神分析都無法徹底消除，它們使我放棄了間接建議和催眠治療。它們只能被抑制，難以抑制的部分則出現在移情裏。這部分會佔很大比重。

我們能夠理解佛洛伊德的感受。他希望病人只將他視作一名熟練的醫師，能通過醫術揭示疾病的根源，然後幫他們消除神經官能症狀。但相反，病人將他視作理想的情人、父親或者救世主。他們需要的不是他的科學知識，而是他的愛。

當然，正是因為佛洛伊德本質上是一個客觀而超然的探索者，所以他將病人對他的情感衝動理解為一種病人過去情感的完全再現，而低估了病人或許在此時此地對他抱以真實情感的可能性。

也就是説，病人對醫師會產生某種程度的愛意（通常混雜着敵意），這種愛意並非建立在他們之間真實的情感關係的基礎上，如每一個細節所示，它只能被追溯到已經成為病人潛意識的一部分的過去擁有的想望和幻想。

（《全集》XI. 51）

事實上，不管病人對精神分析師的看法是如何受到過去經歷的影響，他們對精神分析師產生真心的敬重是非常自然的。很多尋求精神分析治療的病人從未從其他人那裏感受到精神分析師在進行精神分析時所給予他們的那種長時間的關注。生活中沒有其他的地方可以找到這樣一個能專注聆聽數小時的聽眾。很多病人感受到，他前所未有的情感被喚醒了，而不是對過去幻想的重複。大部分當代精神分析師認為，與其説神經官能症是一種被禁制或未發育成熟的性慾，不如説它是一種因無法獲得平等、滿意的人際關係而導致的更大失敗。因此，對移情的分析取決於分析師對病人當下對他的情感的體察和評論：是害怕？順從？進攻？還是競爭？病人表現出這樣的態度是有歷史淵源的，因此需要探求；但是重點在於，通過理解病人對分析師的態度是如何被扭曲的從而去理解病人對他人的態度是如何被扭曲的。要有效地做到這一點則要求精神分析師不僅要關心病人童年早期的事件，而且

要承認在當下病患之間存在一種真實的情感關係。

很快佛洛伊德就意識到，精神分析師沒有、也不可能成為那種超然的旁觀者，彷彿病人是化學溶液一般而不受其影響。在1910年，佛洛伊德寫道：

> 其他的技術創新只關乎醫師本身。我們已經意識到了在醫師心中，由於受病人對他潛意識情感的影響而產生的「反移情」，我們傾向於堅持，醫師應該意識到他心中反移情的存在，並戰勝它。

> （《全集》XI. 144–145）

佛洛伊德最初希望這可通過類似他自己所做的那種自我分析來實現。後來他承認，自我分析應該被他人所做的訓練分析取代。事實上，榮格是早期精神分析師中第一個堅持分析師自己一定要先接受分析的人。精神分析師必須通過自省來監控自己的情感反應，因為他對病人話語的主觀反應是在理解病人的過程中不可忽視的一環。

這與科學家應具有的思維定式大相徑庭。科學家決不容許個人情感影響任何正在進行的實驗。儘管精神分析師在某種程度上必須客觀地看待病人，他只有在使用自己的主觀判斷時才能理解病人。正如我們從佛洛伊德作為一名分析師的表現中看到的，他目標中的那種完全超然的境界從未實現過。而且完全的超然

會切斷他的信息來源，如果我們想要理解的是人而不是外部世界，那麼我們需要這些信息。儘管佛洛伊德承認移情和反移情的存在，但是至死他都堅持認為他是一名科學家。我們將他的精神分析事業與歷史學家的工作相比可能更為合適。歷史學家也試圖重建過去，但是沒有人指望一個完全客觀的關於過去的圖景會被構建出來，即使能夠構建出來，這樣的歷史也是難以理解的。歷史學家對過去以及歷史締造者的動機的理解注定受他自身的經歷和他對人類的理解能力的影響。這就是為甚麼歷史學和精神分析都不能成為嚴格意義上的科學的原因。

第五章
自我、超我與本我

　　雖然佛洛伊德通常拒絕根據他人的建議修改其觀點，但是他自己卻不斷地進行着修正，他畢生都保持着創新能力。在第一次世界大戰後半期及20世紀20年代早期，佛洛伊德對精神分析理論作了大量增補和修訂。其中最重要的修訂涉及自戀、心理機制結構以及對性慾衝動和對侵犯性衝動的重要性的認可。

自戀

　　這個詞最初用來形容一種愛上自己而非他人的性變態。後來擴展為指任何形式的自戀。因為自尊對精神健康是必要的，一定程度上的自戀被認為是正常的。佛洛伊德認為，每個人都將原慾指向兩個方向：朝向自己（自我情慾）和朝向他人（對象情慾）。當一個人戀愛時，他的大部分情慾都投給了他所愛的人。當一個人無論身體上還是精神上患病後，他都變得更加沉湎於自我的世界，與他人進行情感交流的能力變得相對較弱。自戀的極端形式表現為精神分裂症，病人

認為世界上發生的所有事情都指向他自己；在癲狂的狀態下病人認為自己無所不能；在憂鬱狀態下表現為過分擔憂地一味關注自己的身體和精神狀況，而不考慮任何其他事情。佛洛伊德提出了一個情感發展的自戀階段，或稱初級自戀，在這個階段只會對自己有原慾投入，而對對象產生性慾要在這個階段之後。他將此階段描述為性慾本能獲得了自體情慾的滿足。因此，精神或身體疾病的產生可以看作是回歸嬰兒成長的早期階段的結果。

至此，佛洛伊德已經斷言有兩種本能：與自我相關的自我保存本能和與其他對象相關的性慾本能。於是他下結論說，自我保存和自戀實際上是一回事，關鍵是對自我的性慾程度與對其他對象的性慾程度相對不同。

正如厄恩斯特·約內斯在他撰寫的佛洛伊德傳記第二卷中評論的那樣，佛洛伊德的文章《論自戀：導論》（《全集》XIV. 73–102）正好對那些指責佛洛伊德將任何事情都歸於性的批評家有利。最初，佛洛伊德認為自我保存本能與性本能不同，而且可能與之發生衝突。通過強調對他人的愛只是轉向外界的自戀而已，佛洛伊德似乎在表明，性慾衝動實際上是精神能量的唯一來源。這種觀點很快就被修正了。

佛洛伊德本質上是個二元論者，他習慣性地將精神現象解釋為兩個對立面之間的交互或衝突。他可能

是最先意識到這種思考問題的方法是具有強迫性個性的人的特徵，這類個性的人對與之相關的人顯然表現出「矛盾」心理，他們通常很難作出決定，因為他們不能調和兩種對立的思考。愛和恨是人與人之間所有密切關係中可以明確區分的兩種對立關係；當這種緊密關係一旦破裂，愛通常轉變為恨。佛洛伊德得出結論說，恨與自我保存的努力緊密相聯。他繼續陳述道：

> 恨，在與對象的關係裏，是先於愛的。它源於有自戀性質的自我對外界湧入的刺激所採取的原始批判。作為抗拒由對象引起的不快的一種表達，它總是與自我保存本能保持着密切關係；因此性慾和自我本能會容易發展成對立面，在愛恨之間往復。
>
> （《全集》XIV. 139）

「外界湧入刺激」的說法可能顯得含混不清，除非我們在此重溫佛洛伊德的基本思想之一，即有機體總是在尋求除掉令其不安的刺激，無論它們是源自外界還是源自內心本能的緊張。第二章談到過「有機體希望通過釋放所有緊張來達到一種平靜的需求」。佛洛伊德繼續談到，神經系統是這樣一種機制，其功能可以是除掉感受到的刺激，或將它們降至最低限度，或者，如果可行的話，保持自身處於不受任何刺激的狀態。

（《全集》XIV. 120）

佛洛伊德最初的歇斯底里症和強迫性神經官能症研究需要將心靈劃分為意識和潛意識兩部分。這個簡單的模式假定：潛意識即使不完全是，也主要源自壓抑，因此它包括衝動、思想及感情，這些對於有意識的自我來說都是不可接受的。在20世紀頭20年裏，佛洛伊德逐漸意識到這個模式是不恰當的。例如，根據這種模式，製造壓抑的動源一定是自我，心靈中有意識的那部分。然而，躺在躺椅上的病人表現出的抗拒卻表明彷彿壓抑的動源存在於潛意識部分。也就是說，當危險或討厭的話題浮現在自由聯想中時，病人就會停止自由述說，聲稱他甚麼都沒有想起，或者他忘記了談過甚麼，或者用其他方式閃爍其詞。佛洛伊德說，製造壓抑和保持壓抑的力量在精神分析過程中表現為抗拒。

（《全集》XIX. 14）

但是這意味着，只和意識相連的那部分自我其本身可能是潛意識的。佛洛伊德認為，「潛意識」這個詞最好被用作描述性形容詞，而不是局部解剖學中的名詞。儘管所有被壓抑的事物都是潛意識的，但是並非所有潛意識的事物都是被壓抑的。

心理機制的結構

經過全面思考，佛洛伊德構想出一種新的心靈模式。它包括三部分：自我、本我和超我。「本我」被定義為心靈深處最古老的那一部分，其他的結構都源於此。

> 它包含所有遺傳下來的東西，與生俱來，融入肌體——因此，最重要的是，它包括源自軀體組織的本能，這些本能以我們尚不知曉的形式尋找到最初的心理表達。
>
> （《全集》XXIII.145）

本我是原始的、無序的、感性的「非邏輯的領域」：

> 它是我們個性中黑暗的、無法觸及的部分；我們是從對夢和對神經官能症症狀的研究中獲得了對其甚微的瞭解。大部分本我都是負面的，只可被當作自我的鮮明對照物來描述。我們用一個類比來描述本我：我們稱之為一種混亂狀態、一個充滿沸騰刺激的大鍋爐……它充斥着來自本能的能量，但是它沒有組織，不能產生任何集合意志，只能力爭使受享樂原則支配的本能需求得到滿足。
>
> （《全集》XXII.73）

佛洛伊德明確地區分了兩種不同的、他稱之為初

級過程和次級過程的心理功能。本我使用的是初級功能，它運用我們在第四章討論夢時曾引用過的凝縮、移置、象徵和願望的虛幻實現等機制。本我還忽視時間和空間概念，對互相對立的概念，如黑暗/明亮、高處/深處不加區分。如佛洛伊德描述的那樣，本我只受最基本的、原始的心理動力原則制約，即避免本能的張力所引起的「不快」，而這只能通過愉快地滿足本能需求來實現。

佛洛伊德對人性的悲觀看法典型體現在他認為所謂的「享樂原則」更多關注的是尋求避免痛苦而非追求享樂。這是佛洛伊德很多思想的基礎。在第二章裏，我們注意到，佛洛伊德將強烈的情感視作必須除掉的煩擾，而非一種要去追尋的快樂。

自我是代表意識的那部分心理。它使用次級過程：即推理、常識及對外界刺激或內心本能的推動進行延遲回應的力量。佛洛伊德將自我刻劃成一個與感知器官緊密相連的「特殊的組織」，因為它最初是由外界刺激衝擊感官而發展起來的。

自我首先、最終都是身體上的自我。

（《全集》XIX. 26）

佛洛伊德旨在說明，自我是源自由身體表面而來的感覺，它是身體表面的一種投射。「我」的意義取

決於將自己的身體作為獨立實體的感知。自我一旦存在，「就充當本我和外界之間的媒介」。憑藉這種介於感官感知和運動活動之間的中間連接，自我得以控制自發行為。自我的基礎功能是自我保存。

> 對於外界事件，自我這樣來發揮功能：通過意識到刺激的存在，存儲有關它們的經歷(於記憶中)，(通過逃離)避免過度強烈的刺激，(通過適應)處理溫和的刺激，最後(通過活動)對外界作出利己的權宜變化。對於關係到本我的內心事件，自我如此發揮功能：它對本能的要求施加控制，決定是否允許它們獲得滿足，將這種滿的獲得拖延至與外界契合的時間和場合，或者完全地抑制它們引起的興奮。

> （《全集》XXIII. 145–146）

佛洛伊德這樣描述他心靈劃分的第三部分：

> 漫長的童年時代—人類成長中依賴父母的時期—在自我中積澱形成了一個特殊動源，使得父母的影響被延長。這被稱為超我。當這個超我不同於自我或與之相反時，它構成了自我必須考慮的第三種力量。

> （《全集》XXIII. 146）

佛洛伊德的超我概念的起源可以追溯到我們先前提過的，他的那篇關於自戀的文章。佛洛伊德認為，

隨着兒童的成長與發展，他最初妄自尊大的自戀傾向逐漸減弱，即他不再認為自己是無所不能的「金寶貝」，是宇宙的中心。隨着兒童逐漸習得文化和道德思想，他的原慾本能衝動經受着壓抑。由於這種心理上的分裂，兒童逐漸意識到他不能再理想化自己；理想自我是他本身的自我總無法達到的。佛洛伊德設定心靈中有這樣一個致力於自我觀察的力量，它觀察着自我，判定自我是否符合了，或者有沒有達到理想自我。如上面引文中顯示，超我最初產生於父母的禁止和批評。因為童年長期對父母的依賴，父母的標準和之後社會的標準投射於內心，即它們融入了個體心理中，或成為了個體心理的一部分，導致一旦自我沒有達到理想自我的要求，就會聽到良知的譴責。

佛洛伊德在此也同樣可以使用巴甫洛夫的術語。超我可以被看作是由父母的命令和批評構成的重複條件反射訓練的產物，例如，「你必須早餐後漱口」可能成為深植於腦海中的一條命令，以至於已經離家很久的成年人，如果沒有照做的話，依舊會感到不安。

因此，自我不穩定地平衡於外界、本我和超我三者之間。它們各自可能強調一個不同的方向。因此人類行為有時顯得搖擺不定或猶豫不決就不足為奇了。

攻擊本能

在本章之初我們引用了佛洛伊德的結論：「恨，作為與對象的一種關係，是早於愛的。」這句話來自他1915年寫的一篇名為《本能與它們的變遷》的論文。佛洛伊德是第一個將「攻擊本能」確立為一個與性本能不同的自我的組成部分。在此之前，佛洛伊德曾將攻擊本能視作性本能中構成施虐狂的方面，認為它是一種「掌控的強烈慾望」、一種力圖擁有和主宰性對象的原始形式。

> 在這個初級階段中這種形式的愛，在對待對象的態度上很難與恨區分開來。只有在生殖系統成熟以後，愛才成為恨的對立面。
>
> （《全集》XIV. 139）

佛洛伊德拐彎抹角地逐漸承認了「攻擊本能」全然獨立於性本能之外。

> 我記起了當一種破壞性本能的觀點首次出現在心理學文獻中時，自己所採取的防範態度，以及最終接受它需要的時間。
>
> （《全集》XXI. 120）

佛洛伊德頻繁使用「本能」一詞，現在看來有些

過時，因為現代心理學家和研究動物行為的學者們基本上已經不再使用這個詞語。本能最初是指行為中被認為是天生的、不受環境影響而獨立發展的方面。當今，人們普遍認為，所有的行為都既受遺傳因素又受發展過程中的環境條件的影響。除非適當的環境刺激在恰當的階段出現，甚至一些看似不變的典型行為，如鳥的歌唱，都未必會出現。佛洛伊德提出，環境在影響性行為模式方面起着重要作用，在這一點上他領先於他的時代。但是除了他自己的個人偏好之外，沒有明顯的理由可將本能限定為僅有兩種。例如，吃飯和睡覺也基本上都是與生俱來的需求。

佛洛伊德在《超越唯樂原則》一文中首次全面認可了攻擊本能，這是一篇發表於1920年的思考性文章。儘管他繼續堅持認為，人主要是受享樂原則的主導，這種享樂原則在自我對現實原則的接受中得以修訂而不是被廢除，但是他下結論說，還有另外一種原則一定也在起作用。正如我們在上一章裏看到的，對「創傷後壓力障礙」——一種由突發事故或震驚造成的神經官能症疾病—的患者的研究顯示，他們的夢經常幾乎一成不變地重複該事件。因為創傷性事件，從定義上看，都是不愉快的經歷，那麼它的重現顯得與享樂原則相悖。佛洛伊德還注意到，小孩子傾向於重複不愉快的經歷，例如與父母的分離，他們通過把這些事件變成一種重複性遊戲以在幻覺中獲得對這些事件

某種程度的控制。佛洛伊德下結論說，曾受過驚嚇的神經官能症患者和曾有過悲痛經歷的兒童都試圖通過在夢中或遊戲中重複這些不愉快的經歷來征服它們。

在本章前一部分，我們引用了佛洛伊德的看法：恨比愛出現得要早，恨與自我將對象作為產生不安刺激的緣由而對其進行的原始拒絕相關。回顧這個觀點有助我們理解為甚麼佛洛伊德將攻擊性與對上述震驚和悲痛的克服，及強迫性重複不愉快經歷的傾向聯繫在一起。

這種要去不斷重複的強迫性行為表現……很大程度上體現了一種本能特徵，當它們與享樂原則相背離時，就有一些「惡魔的」力量出現了。

（《全集》XVIII. 35）

但是佛洛伊德的分析並沒有止於此，依舊堅信他的觀念—心理機制的功能就是除掉到達它的刺激，他下結論說，這個「惡魔的」、本能的強迫性重複的衝動是所有本能中普遍存在的特質。他寫道：

似乎，本能是有機生命中固有的一種強烈願望，它試圖將生命體在外界紛擾的壓力下放棄的東西恢復到早先的狀態。

（《全集》XVIII. 36）

那麼，甚麼是本能力圖恢復的事物的最早狀態呢？在我們星球的歷史上，無機物先於有機物出現，因此它只能是力圖達到生命存在之前的狀態。

> 如果我們把它作為真理，認為所有有生命的東西都因內在原因而死亡—再次變成無機物，那麼我們不得不說，「所有生命的目標就是死亡」，而且回顧過去，「無機物早於生命體存在」。

> （《全集》XVIII. 38）

死本能

以下是佛洛伊德稱之為「死本能」的論斷：它是涅槃原則的終極表現形式，是生物體力圖到達斯溫伯恩的「冥後的花園」的一種努力，在那裏沒有外來或內在的刺激擾亂它的永久平靜。

> 沒有星辰也沒有太陽
> 沒有任何光亮的變化
> 沒有激蕩的水聲
> 沒有聲音或圖景
> 沒有冬季的樹葉或春天的枝葉
> 沒有白天及白天的一切
> 只有永久的沉睡
> 在永恆的黑夜

這些高度抽象的思考給予了佛洛伊德想要的東西：一個二元的方案。在這個方案中，精神生活的所有現象最終都可以被追溯為兩個驅力或本能之間的互動或衝突。

> 經過長期的遲疑與猶豫，我們終於確定只有兩種基礎本能的存在：愛慾本能和破壞本能……第一個本能的目標是建立更大的聯合體並保持這種聯合統一──簡言之，相結合；相反地，第二個本能的目標是取消聯合併破壞它們。對於破壞性本能，我們可以設想，它的最終目標是使生命體回歸無機狀態。因此我們也可以稱之為「死本能」。
>
> （《全集》XXIII. 148）

佛洛伊德認為攻擊性是源於轉向外部世界的死本能。他寫道：

> 被弱化、駕馭和抑制了目標的破壞性本能，當它指向外在對象時，給予自我以滿足了重要需求的滿足感和對自然的控制力。
>
> （《全集》XXI. 121）

佛洛伊德繼續得出結論：攻擊性成為了文明的最大障礙。他將文明描繪成：

一個服務於集體自我保存本能的進程，它的目的就是將個體、家庭、種族、國家和人民結合在一起，形成大統一，即人類的統一。但是人類自然的攻擊本能，即個體對集體、集體對個體的敵對，則與文明進程對立。這種攻擊本能來源於死本能，是死本能的主要表現形式。我們已經發現，它與愛慾並存，與其平分疆土。現在，我認為，文明的演變過程已經不再模糊，它是愛慾與死亡之間、生本能與破壞本能之間的鬥爭，正如我們人類所經歷的那樣。這種鬥爭構成了所有生命的基本部分，人類文明的演變因此可以被簡單地描述成求生的鬥爭。它是對立的巨人之間的鬥爭，而我們的保姆用歌唱天堂的搖籃曲來試圖平息這場爭鬥。(《全集》XXI. 122)

誰能想到，一位致力於揭開維也納上層社會神經官能症之謎的醫生會從他的研究中得出關於人類生存狀況的這樣一個宏偉論斷？佛洛伊德對性和攻擊本能這兩個冷門研究領域的探索居然轉變成了一種描述對立的善惡力量的宇宙觀。上文引用的段落是佛洛伊德在與榮格分道揚鑣大約17年之後寫下的。如果這兩位先驅者繼續合作的話，佛洛伊德可能會意識到，他將愛慾與死亡描述成永無休止地互相爭鬥的兩個巨人的說法，正是榮格稱之為「原型」的看法。這種看法是否正確是另外一回事。它與科學無關。

第六章
攻擊、抑鬱與妄想

佛洛伊德確定存在着一個獨立的「破壞性本能」之後，他開始思考文明是如何對它施加控制的問題。他下結論説，這主要是通過「心力內投」來實現的，即將攻擊心理併入自我，使攻擊心理轉離外部世界而朝向自己。佛洛伊德因此提出了攻擊本能的雙重轉向。死本能起初是指向自己的，因為每個人都最終死亡，因此死本能是最後的勝利者。但是，在人的一生中，死本能很大程度上表現為指向外界的攻擊本能：第一，對抗來自外界的不期而至的刺激；第二，表現為「虐待狂」對性慾對象進行佔有；第三，反抗挫敗自我欲望的個人或情勢。然而，文明又確保了這種破壞性中的一部分轉向內心，合併到超我之中，表現為產生自責、自恨和自罰的內疚感。

> 因此，文明，通過削弱和使人放棄攻擊心理，並通過在人內心建立監察力量，如在被攻佔的城市中的衛戍部隊一樣，獲得對一個人危險的攻擊願望的控制。
>
> （《全集》XXI. 123–124）

佛洛伊德很重視超我具有的非理性嚴厲。他聲稱，一個在非常寬厚的環境裏長大的孩子卻可能擁有非常嚴格的良知標準，這是合乎情理的。他對此的解釋很有說服力。他相信：

> 人們放棄的每一點能帶來滿足的攻擊本能都被超我接收，而增強後者（對自我）的對抗。
>
> （《全集》XXI. 129）

換言之，一個人越抑制他對他人的攻擊本能，對自己就越可能嚴苛。佛洛伊德在此之前曾經在他著名的文章《哀悼與抑鬱》中描述過類似的情況。

如今，抑鬱症被描述成嚴重的憂鬱性疾病。佛洛伊德準確地描述了其顯著的心理特徵：

> 它是一種深刻的、痛楚的沮喪，對外面的世界失去興趣，失去愛的能力，抑制所有活動，自尊降低到自責和自辱的地步，最終產生一種懲罰自己的錯覺願望。
>
> （《全集》XIV. 244）

在哀悼中，自尊喪失的程度通常表現得不盡相同，儘管很多人失去身邊親近的人之後，的確責怪自己沒能給逝者以足夠的愛和關心。在其他方面，哀悼的心理特徵與深度憂鬱症十分相似。佛洛伊德注意

到，哀悼通常是一個持續時間很長的過程，他將這種從逝去的愛人那裏找回原慾的困難歸因於一種更普遍的、每個人在放棄原慾時所面臨的困難，例如，神經官能症患者放棄對父母的俄狄浦斯情結的困難。

佛洛伊德指出，抑鬱還經常因為失去所愛的人引起，儘管這種失去可能是因被拒絕或遺棄而非死亡引起。但是為甚麼抑鬱的人會將責難堆積在自己身上呢？佛洛伊德指出，憂鬱症病人對自己的譴責，大都類似於那些他可能會對離去的愛人的譴責。「我是沒用的人，不值得活下去」是對「你是沒用的人，不值得活下去，因為你離開了我」的一種置換。這個例子顯示出，最初對外的攻擊轉而對內，並融入超我中，而後表現出自責和自恨。

根據佛洛伊德的觀點，哀悼和抑鬱的區別主要在於以下事實：在哀悼中，失去是完全意識到的，而在抑鬱中，失去部分上是潛意識的。這與我們已經注意到的哀悼和抑鬱的區別，即後者涉及在更大程度上喪失自尊，有甚麼關係呢？佛洛伊德相信，在某種意義上說，抑鬱者講出了他失去自尊的實情。

> 與哀悼的類比使我們得出結論：他的失落和一個對象相關，但是他告訴我們的是與他的自我相關。
>
> （《全集》XIV. 247）

佛洛伊德的看法具有啟示性。因為失去一個對象而感到失去自尊的人是那些以認同為基礎選擇對象的人，也就是說，自戀式地選擇在某些方面類似於他們的對象。因此，失去對象就相當於失去了一部分自我。在上一章引用過的一篇重要論文《論自戀》中，佛洛伊德列舉了各種各樣選擇對象的方式。

一個人可以愛上以下類型的人：

1) 自戀型：
a) 和他現在一樣的人（即他自己）
b) 和他過去一樣的人
c) 他想要成為的人
d) 曾經是他過去的一部分的人
2) 情感依附型：
a) 養育他的女性
b) 保護他的男性
及上述類型的接替者

（《全集》XIV. 90）

（「情感依附」的字面理解是「依靠」。佛洛伊德這裏考慮的是母子情感的最初狀態：兩者都得到來自孩子的某種原慾投入。）佛洛伊德的建議是，抑鬱症患者退回到了，或者是從來就沒有完全脫離過情感發展的原始階段，在這個階段他們選擇的對象是自戀型的

而不是依附型的。因此，當他們失去一個對象時，他們會比那些從與自己差異很大的對象身上獲得依附型愛的人失去更多的自我。佛洛伊德認為，這樣的病人是被困在情感發育的「口慾」階段的人(見第三章)。他沒有清晰地闡明受困的原因，但是他斷言，這種在口慾階段的固戀可能是嬰兒的口慾需求被剝奪或者過份滿足的結果。儘管根據現代研究的成果看，佛洛伊德關於憂鬱人格口慾階段情感發展停滯的解釋顯得不夠充分，但是他臨床觀察的精確性和深度並未因此受影響。我們在第三章裏注意到，被動、依賴和對自我能力的懷疑經常是同時出現的性格特徵。

今天，我們對有抑鬱傾向的人可能會作出非常不同的描述。有些人因為失去所愛而變得嚴重抑鬱，而不只是簡單地度過一段哀慟時間就能恢復，他們可以被認為是沒有持久的自我價值感的人，因此一旦受到失去或被剝奪的打擊，便沒有內心的力量可依靠。這樣的人完全借助外部資源來維持自尊，依賴別人對他的愛或崇拜，或者依賴自身成就來支撐他的自我。我們覺得，一個孩子很有可能因為從愛他的父母那裏經常性地得到一種非理性的讚美或寵愛，而獲得一種內在的，但可能別人看來並不客觀的自我價值感，但是當發生變故的時候，這種自我價值感會變成一種內在力量的源泉。如佛洛伊德和他的同事卡爾‧亞伯拉罕(Karl Abraham)相信的那樣，這樣的過程很可能貫穿整

個兒童時代，而不僅僅是生命的第一年。

有很多種原因可以解釋為甚麼這樣的過程可能不會發生，因此沒有經歷過這個過程的人尤其容易患上憂鬱症。也許父母並不想要這個孩子，或者不愛他。也許他們對孩子的期望過高而使孩子總覺得達不到他們的期望值。或者某種基因因素（在復發性憂鬱症中發現了很好的基因證據）使得這個孩子無論別人給他多少愛都不能投射於內心，從而建立內心的自尊。

佛洛伊德的自戀型的對象選擇概念，即通過認同而選擇對象的概念，在這種情況下尤為有趣。我們稱那些易患嚴重憂鬱症的人為「憂鬱型個性」，這樣的人渴求得到別人的贊同並急於避免那些會使他們陷入到憂鬱之中的批評或責怪。他們急於取悅他人的焦慮使他們對別人的感受非常敏感；他們通過獲得認同來找到適應別人的方式。如此習慣性地順應別人必然會導致憂鬱的人抑制或壓抑自己的觀點和感受，尤其是他們個性中自信或攻擊性的那一面。

佛洛伊德也談到了躁狂症，它是與抑鬱症相反的一種心理狀態，即今天人們熟知的躁鬱性精神病或雙相情感障礙。佛洛伊德認為，躁狂症的通常表現是「快樂、狂喜或勝利」，特點是以前用作他途的心理能量一下子彙集於此。可以把躁狂症類比為一輛汽車突然卸掉了剎車，或者，用佛洛伊德自己的例子，把它比作「一次漫長、艱苦的鬥爭終於獲得了勝利」。

在憂狂症困擾下，病人因自己的缺點而責難自己，而在躁狂症中，病人不但表現得對自己非常滿意，而且還賦予自己幾乎魔術般的力量，即那種佛洛伊德認為嬰兒所具有的、初級自戀狀態中的「無所不能」。佛洛伊德認為，在躁狂症中，理想自我和自我的差異被消除了。因此，超我已不再關注自我在哪些方面達不到理想自我的要求，因為在二者已沒有區分。

> 在對自我的分析基礎之上，我們不能懷疑的是，在躁狂症患者身上，自我和超我已經融合在一起，因此，這個處於勝利和自滿狀態下的人，不受自我批評的煩擾，可以享受解除對自己的禁制、免去對別人的顧慮及自責後的快樂。
>
> （《全集》XVIII. 132）

上文中我們評述了佛洛伊德對嚴重憂鬱症描述的準確性，這是一種呈現多樣性的心理疾病，可能需要入院治療，但在私人診所中也經常碰到。相比之下，佛洛伊德對躁狂症的說明不但過於簡短而且也不盡如人意，這也許是因為他自己沒有太多這方面的經歷的緣故。躁狂症病人在私人診所裏很少見，因為他們很少自己去尋找醫療幫助。他們被送入精神病院和診所，要麼是在親屬的安排下，要麼是因為他們的反社會的行為而不得不受到約束。躁狂症病人很少顯示佛

洛伊德描述的那種純粹的「快樂、狂喜或勝利」狀態。而且，儘管輕度躁狂症病人的感受是愉悅的，並且他們可能會快速地產生一系列極富創造力的想法，但是大多數躁狂病人的感受是過度刺激而非愉快；在康復之後，他們把自己的經歷描述為劇烈不適而非快樂。

人們經常忘記，佛洛伊德很少有處理重症精神病人的親身經歷。1885年，當佛洛伊德在等候去巴黎與夏爾科進行合作研究的經濟資助時，他在維也納郊區奧伯多柏林的一家私人診所做了三週的臨時代理醫師。他向未婚妻這樣描述住院的病人：「一群思維不清、行為古怪的人。」他除了與夏爾科在薩爾佩特里埃爾(Salpetriere)主要研究歇斯底里症的那段工作期間以外，在奧伯多柏林的三週就是佛洛伊德接觸精神病患者的全部經歷了。就像我們即將看到的那樣，他對妄想狂病人施雷伯(Schreber)法官的著名研究就是基於病人所寫的書面材料，而不是與他的親身接觸。在對此研究的介紹中，佛洛伊德寫道，如其他精神病學家一樣，他見過很多例「妄想狂和早發性癡呆(精神分裂症)」，但是因為佛洛伊德認為這些病例不適合精神分析，他從未聲稱對其進行過深入研究。在1900年到1909年期間，榮格曾在伯格霍茲利(Burghözli)精神病院任精神病醫師，之後他放棄了這裏的職位轉而開立私人診所。如果佛洛伊德也有類似長期的工作經歷，

接觸慢性精神分裂症患者、躁狂抑鬱病患者及其他形式的嚴重精神疾病患者，那麼他就可能構建一種建立在精神病，而不是神經官能症基礎上的精神病理學。這樣的精神病理學很可能會更關注個人現實感的發展，而非其嬰兒性慾的變遷。佛洛伊德對精神病產生原因的解釋對大多數精神病學家來說顯得過於局限，然而，同以往一樣他的解釋中包含非常有價值的原創性的臨床觀察。上面提到的佛洛伊德根據丹尼爾‧保羅‧施雷伯法官回憶錄所寫的文章，就是反映他思考的敏銳與局限性的生動例子。

妄想狂精神病有幾種類型，患者主要表現為產生被迫害的妄想。也就是，他設想自己遭到某個人或某群人惡意的追逐、攻擊、毒害或傷害。這些想法經常伴以患者對自身重要性的深信不疑，而正是這種自認的重要性部分地解釋了患者為甚麼會認為自己受到太多不想要的關注。他也許真的是皇家後代，或者掌握着某個敵人急於獲得的至關重要的秘密。

施雷伯病例從幾個方面來說都是一個不尋常的病例。大部分妄想狂精神病都是慢性的，而非不定期偶發的。但是施雷伯的精神病症在1884年10月初發並持續到1885年6月，之後他康復得很好。他又回到了法官的工作崗位，直到1893年健康狀態一直良好。在51歲時，升職之後不久，他的病症復發，十分嚴重，使他不得不到精神病院接受治療，直至1902年才出院。

他的回憶錄在他出院一年之後發表。他一直未從第二次發病中完全康復。1907年，他再次被送入精神病院，於1911年4月14日在醫院中去世。

在他第二次發病期間，施雷伯堅信他的身體遭到了各種殘忍的折磨，他受到了迫害和傷害，尤其是遭到禁閉他的那個診所的所長弗萊克西希(Flechsig)教授的折磨。施雷伯急性的精神病症消退後，接着被一種長期的妄想系統所困擾。像其他妄想狂受害者一樣，施雷伯看起來很正常，只有當他的妄想的素材被觸及時才會發病。1902年，他獲許出院，儘管頑固的妄想依然佔據着他的思想。

> 他相信自己身負拯贖世界並使之找回福祉的使命。然而，這只有當他首先從男人變成一個女人之後才能實現。

(《全集》XII. 16)

在他的回憶錄裏，施雷伯宣佈，當他被變成女人之後，他將由神光受孕，從而創造一族嶄新的人類。

我們不知道施雷伯首次發病的情況，但是佛洛伊德對其第二次發病的解釋是，它與施雷伯既懼怕又希望和弗萊克西希發生性關係有關。

> 刺激他病發的原因，是一種同性戀原慾的暴發；這

個原慾的對象最開始可能是他的醫生弗萊克西希；他對這個原慾衝動的抗爭引發了內心的衝突，導致了症狀的出現。

（《全集》XII. 43）

佛洛伊德繼續解釋說，施雷伯對他的精神病醫師產生同性戀，是一種早期在潛意識裏對父親的同性戀感情的移情。後來他妄想上帝取代了弗萊克西希作為使他受孕的人，而這也可回溯到一個相似的來源。佛洛伊德寫道：

人們熟悉的妄想狂症的主要形式全部可以用這個命題的矛盾來代表「我（男人）愛他（男人）」，事實上，他們窮盡了所有可能表達這種矛盾的方式。

（《全集》XII. 63）

佛洛伊德這樣解釋迫害妄想：病人對自己的同性戀感情首先否認：「我不愛他 —— 我恨他」；然後通過投射演變為「他恨（迫害）我，這使我有理由恨他」。佛洛伊德深信，迫害者總是病人愛過的，與其同性別的某個人。

佛洛伊德大加利用了以下事實：施雷伯的父親是一名著名的內科醫生和教師，他對健康教育的觀點當

時被廣泛認可。他53歲時早逝，那時施雷伯才19歲。佛洛伊德為他的解釋申辯說，施雷伯對上帝的妄想最終源於他對父親的情感，他指出，這樣一個優秀的人比大多數父親更能激起那種「帶着敬意的順從和帶着反抗情緒的不順從」，佛洛伊德認為這是男嬰對待父親的典型態度。

儘管佛洛伊德花了一番功夫查出施雷伯的父親是丹尼爾·戈特洛·博莫裏茲·施雷伯博士，並且發現施雷伯法官有一個兄長，但是他沒再繼續深入調查，從而瞭解施雷伯法官童年的真實情況，或者他的父親究竟是個甚麼樣的人。如果他繼續調查，他就會發現施雷伯博士其實是一個獨斷專行、殘暴的人。他的大兒子在38歲時開槍自盡，他的小兒子，施雷伯法官，變成了上述的精神病人。因為篇幅所限，我們在此就不贅述施雷伯博士是如何頑固地違背孩子的願望，通過各種約束器件使孩子的身體保持絕對直立。他如何使用灌腸器來防止孩子夜間排便，及其他恐怖的做法。有關詳細敘述可以參見默頓·柴茨曼（Morton Schatzman）寫的《靈魂的謀殺》（紐約，1973）。

在第二章中，我提到了這樣一個事實，佛洛伊德堅持將嬰兒性慾幻想的持續存在或再度出現視作神經官能症的起因，這有時促使精神分析師們忽略影響人們生活的真實事件和環境。佛洛伊德對施雷伯父親的真實情況的忽略就是一個顯著例子。

佛洛伊德試圖對施雷伯為何在51歲時第二次發病作出了解釋。佛洛伊德認為在這個「更年期」階段，無論男女，患病的可能性都在不斷增加。他還指出，施雷伯失去了父親和兄長，他自己沒有孩子，尤其是沒有兒子可以使「他的未滿足的同性戀愛欲得以排遣」。因此施雷伯再度萌生了成為女性的願望，佛洛伊德認為這是他在童年早期對其父親抱有的願望。

　　佛洛伊德認為妄想症的產生是基於和同性戀衝動相關的衝突，這一論點引發了大量相關研究。菲舍和格林伯格在整理這類文獻時得出結論，實驗性調查總體來說確實支持這個想法：「妄想症患者和非妄想症患者對有同性戀暗示的刺激作出顯著不同的反應。」然而，佛洛伊德認為迫害者總是與當事人性別相同的論斷並沒有被證實。

　　施雷伯在他的病症急性發作的階段，像很多其他患類似疾病的患者一樣，認為一個巨大的災難就要降臨，也許是世界末日即將來臨。在他基本康復出院之後，施雷伯依舊相信這個巨大災難已經發生過了，但是至少部分地意識到，災難是發生在他心中，而不是外部世界。佛洛伊德假定，在他病症急性發作的時候，這個妄想狂病人的世界終結了，因為他不再能維繫與之的情感紐帶。投射機制使他認為災難只涉及外部世界而非他自己。隨後，他在妄想系統基礎上構建了一個新世界。佛洛伊德敏銳地觀察到，這種妄想

系統應該被視為「一種康復的努力，一個重建的過程」。在一個將精神病患者的妄想斥為病態的愚蠢行為，而不是一個值得研究和理解的現象的時代，佛洛伊德的言論可以說是具有令人震驚的獨創性。

佛洛伊德關於施雷伯的研究使我們瞭解了他的很多思考過程和解釋方法。這表明研究佛洛伊德著作時，去粗取精是多麼重要。佛洛伊德關於施雷伯的疾病過程、他的嫉妒心、投射，及妄想系統的正面功能的評論都是很有啟發性的。但是，他沒能將施雷伯的性格框架與他的妄想內容與可以輕易確定的、他父母可怕的撫養方式聯繫起來，這是一個嚴重的疏漏。而且，有誰能真正相信，一個在中年時期出現的同性戀幻想可以被視作是這樣嚴重的精神疾病突發的充分原因呢？即使在19世紀末20世紀初，一個高智商、受過良好教育、諳熟這個世界及其運作方式的法官，不太可能不知道男性和女性都有各種各樣的、不願公開承認的性想法和幻想，而它們造成的衝擊不可能強烈到使他瘋癲的地步。克拉夫特–艾賓(Krafft-Ebing)的《精神病理性慾》一書於1886年出版，書中描述了各種各樣的性變態。性慾及其變異形式在當時的維也納已不是一個陌生的話題。

佛洛伊德堅持認為嬰兒性慾幻想是精神病的根源，但他對這一觀點的表述很少像在施雷伯案例中那樣缺乏說服力。儘管所有妄想狂病人在心理測試中都

表現出對同性戀主題特別的興趣或厭惡，但這並不足以證明沒有解決的同性戀衝突就是妄想性精神疾病的唯一根源，而這更可能是一種更深層、更普遍的障礙的一部分。

第七章
玩笑與《日常生活中的精神病理學》

　　本書的第一部分主要是關於佛洛伊德對神經官能症和精神病在精神病理方面的研究，這是精神分析向一門綜合性的心理學發展的起跳板。如第一章中所講，佛洛伊德在從事精神分析的最初階段就開始涉獵其他領域的理論。如果他將自己的研究只局限於精神疾病的各種形式，那麼精神分析就不會產生如此廣泛的影響；但是佛洛伊德深信，他有關人類動機和潛意識的發現不僅適用於神經官能症，而且適用於所有人類行為。

　　《日常生活中的精神病理學》成為佛洛伊德最暢銷的書之一。它講述了著名的「佛洛伊德失誤」現象，即口誤、筆誤、記錯名字、忘記意圖及其他失誤。佛洛伊德通過論證這樣的錯誤或「失誤動作」是受被抑制的、潛意識想法干預的結果來支持他的觀點──所有心理活動都是由特定原因誘發的。榮格記錄的一個案例即是一個簡單的例子。

　　Y先生愛上了一位女子；但是他沒有成功追求到

她，不久後她嫁給了X先生。從那以後，儘管他已經認識X先生很久了，甚至與他有生意往來，但Y先生卻一再地忘記X先生的名字，甚至好幾次當他想要與X先生通信的時候，他不得不問別人。

(《全集》VI. 25)

顯然，Y先生對他成功的競爭對手的憎恨使他想要無視X先生的存在。

解釋下面這個筆誤的例子同樣容易：

一個因為與妻子關係不好而離開她生活在歐洲的美國人，覺得現在可以和她和解了。他請她跨過大西洋在某日與他團聚。他這樣寫道：「你可以像我那樣，乘坐毛里塔尼亞號(Mauretania)船。」但是他不敢寄給她寫有這句話的那張紙，他寧願重寫，因為他不想讓她注意到他是怎樣更正了船的名字。他最初寫的是盧西塔尼亞(Lusitania)。

(《全集》VI. 121–122)

盧西塔尼亞號船於一戰中在愛爾蘭海岸被德國潛水艇擊沉。

佛洛伊德的例子並非都是同樣地直接清楚。他的有些解釋顯得拐彎抹角和牽強。像我們在談論夢時提到的，佛洛伊德會在需要時充分調動智慧為其理論提供支持。他給出的第一個例子正說明了這一點。佛洛

伊德發現自己記不起來那個在奧維多大教堂畫過一些著名壁畫的畫家的名字了。畫家正確的名字是西尼約雷裏(Signorelli)，但是另外兩個畫家的名字波堤切利(Botticelli)和波查菲奧(Boltraffio)卻總是浮現在他腦海。佛洛伊德對這一現象的解釋佔了整整四頁篇幅，包括他不願意對陌生人談論性、他希望忘掉一個先前的病人的自殺及描述他的被壓抑的想法如何導致了將西尼約雷裏這個名字分成兩半，並將德語中Herr(先生)這個詞替代了意大利語Signor(先生)。Herr取自黑塞哥維那(Herzegovina)，而Botticelli和Boltraffio中的「Bo」來自波斯尼亞(Bosnia)。黑塞哥維那和波斯尼亞當時都被土耳其佔領，而土耳其人的性習慣是佛洛伊德不願意向不熟的人提起的。他在特拉伏伊(Trafoi)停留時由於得知了他的病人自殺的壞消息，因此特拉伏伊因是波查菲奧(Boltraffio)這個名字的組成部分而導致他記錯名字。佛洛伊德力圖說明，這兩個他希望避免的話題卻在錯記的名字中凸現了出來。他對強迫性儀式的形成也作了同樣的解釋，即儀式是被受害者壓抑的、無法得到直接釋放的一種本能衝動的間接體現。

佛洛伊德的解釋極具獨創性，雖然它難以詬病但終究又很難令人信服。像很多佛洛伊德對夢的解釋一樣，它看起來「未免太聰明了」；借助對潛意識的精神活動過份精細的論證去掩飾實質上並不重要的東

西。很多口誤和遺忘的例子確實符合佛洛伊德的論證，但是並非全部如此。例如，大多數上了年紀的人感到記名字這件事越來越困難，也許他們還能準確地記起名字，但是回想起它們所花的時間則需要越來越長。在第三章，我們質疑了佛洛伊德將嬰兒失憶症完全歸因於壓抑的觀點，並提出了可能的其他解釋。對佛洛伊德的成人遺忘理論我們也有同樣的質疑。例如，佛洛伊德沒有考慮失掉記憶的社會情境，也沒有考慮在最初記憶名字的時候，就有因情境不同而可能導致記憶強度的不同。一個人更可能回憶起與之度過整晚的某個新交的名字，而不是那個在聚會上被簡單介紹認識的人的名字。但是，佛洛伊德在認定潛意識願望和想法會在某些情況下干預回憶後，便籠統地認為在所有情況下都會如此。塞伯斯提埃諾‧丁伯納羅（Sebastiano Timpanaro）寫了一本書，名叫《佛洛伊德式失誤》。書中他批評佛洛伊德沒有考慮這樣一個事實：很多失誤屬那種所有作者都熟悉的錯誤——重複剛使用過的詞和因為思想比筆跳躍得更快而遺漏一些詞等等。精神分析師查爾斯‧里克羅夫特在評論這本書時補充了一個由榮格首次提出的、關於自由聯想的批評。佛洛伊德對錯誤的很多解釋都依靠當事人和失誤有關的相關聯想。更確切地說，佛洛伊德通過這個方法迅速找到令聯想者不安的元素；這些元素並不像

人們通常會從佛洛伊德的理論中看到的那樣總是與性有關；而是關於嫉妒、個人進步、偏見或者敵意，而這些對於進行聯想的人來說都是不可接受的。任何真實地體驗過自由聯想的人都知道，這種方法必然使人在腦海中很快地浮現出關乎他情感的主題。里克羅夫特指出：並不能說得到了「重要素材」就意味着找到了引發錯誤的原因。

佛洛伊德早期走出診療室而關注日常生活的另外一個例子是對幽默的研究。《玩笑與潛意識的關係》於1905年首次出版。佛洛伊德早在1897年就開始收集猶太笑話；但是他對這一主題的研究興趣是源於他的朋友弗利斯在讀《夢的解析》的校樣時對夢裏充滿了太多的笑話的抱怨。在回覆弗利斯的信中，佛洛伊德寫道：

> 所有夢者都一樣地有些詼諧幽默得過頭，他們需要如此，因為他們處於壓力之下，而直接釋放壓力的路徑被阻擋……所有潛意識過程中顯示的機智都與玩笑和喜劇理論密切相關。
>
> （《佛洛伊德–弗利斯信件》，371）

佛洛伊德的論證十分清晰、有說服力，即使是閱讀譯文，他的大部分著作也是令人愉悅的。但是關於玩笑的這本書是一個例外。這部分上是因為在翻譯過

程中玩笑的幽默成份損失甚巨，部分是因為對玩笑的解釋破壞了其幽默。

佛洛伊德分析了他所稱的玩笑的技巧，並指出，玩笑運用的某些機制，尤其是凝縮和詞的替換，實際上可以在夢中找到。一個英語例子是迪斯累裏的一句評論：老年人容易於陷入anecotoge——將「軼事(anecdote)」和「老糊塗(dotage)」兩個縮合在一起。類似的例子是稱聖誕節節期為alcoholidays。佛洛伊德繼續列出了其他一些夢中和玩笑中共有的機制：「移置、錯誤推理、荒謬、間接代表、相反代表。」然後他將玩笑分為主要兩大類：「清白」玩笑和「傾向性」玩笑。前者只依靠語言上的機智，後者則要靠含敵意或淫穢的間接表達。佛洛伊德主要感興趣的是「傾向性」玩笑。事實上，像我們會看到的那樣，他在解釋為甚麼「清白」玩笑會帶給我們諸多快樂時會遇到困難，而解釋「傾向性」玩笑帶給我們的快樂時則沒有這些困難，因為「傾向性」玩笑易於與神經官能症症狀、口誤和夢歸於一類。

在這裏，我們終於理解了玩笑達到的效果。玩笑使我們的某種本能(色欲或敵意)在遇到障礙後獲得滿足成為可能。他們規避了這一障礙，在一個那種障礙無法觸及的地方提供了快樂。

（《全集》VII. 100–101）

這個障礙可能來自內心的抑制也可能來自社會的壓制，結果也許會導致一個人受到打擊。在早期研究中，佛洛伊德就已將文明描繪成本能的敵人和壓抑的誘發者。傾向性玩笑是規避由文明設立的、阻止直接表達淫穢和侵犯的障礙的一種方法。

在第六章裏討論佛洛伊德對躁狂症的解釋時，我們注意到，他認為「快樂、狂喜或勝利」的狀態的特點是精神能量突然而至，我們將這比作鬆開了汽車剎車。佛洛伊德認為，伴隨玩笑的喜悅具有類似的特質。很容易看出，在傾向性玩笑中，開玩笑的人，通過把其淫穢的想法或侵犯的衝動用幽默的外衣掩飾起來，規避他的自我抑制。但是佛洛伊德也承認，純粹的外部因素而非內心抑制也可能阻止這類衝動的直接表達。他引用了一個人們熟悉的故事，講的是一個王子在人群中看到一個跟他長得很像的人後問道：

「你的母親是不是曾經在皇宮裏服務啊?」
「不是，殿下，在皇宮裏服務的是我的父親。」

通過玩笑，這個人可以向高高在上的王子表示敵意，因為後者的權勢，他是不能直接對其表達敵意的。佛洛伊德認為，在這個例子中，玩笑帶來了快樂是因為這個人在表達真實感受時沒有遇到阻礙。

外部阻礙和內部阻礙情況的區別僅在於：在後者中一種現有的壓制被解除了，在前者中一種新禁制的建立得以避免。如果我們認定不論是建立還是維護一種精神禁制都需要某種「精神損耗」的話，那麼我們就不應該為此過於耗費心力。而且因為我們知道，在兩種情況下，傾向性玩笑都能帶來快樂，因此似乎有理由認為，快樂的產生是與被免除的精神損耗相聯繫的。

（《全集》VIII. 118）

這樣巧妙的解釋是必要的，因為佛洛伊德需要一個同時適用於「清白」玩笑和「傾向性」玩笑的解釋。「清白」玩笑依賴語言的精妙、雙關、文字遊戲、將不相合的詞合併在一起等等。佛洛伊德曾寫道，「我不得不這樣說，玩笑技巧本身也是快樂的來源」，他彷彿並不願意承認本能釋放以外的東西也是可以令人愉悅的，但是他通過提出「清白」笑話帶來的快樂也是節約精神能耗帶來的快樂這一觀點解決了此問題。當我們重新注意並喜歡上某種熟悉的事物時（這種情形在笑話中經常出現），或者當我們用語言將兩種看似不相融的東西聯繫在一起時，我們是在做語言遊戲，避免將力氣花在批評性思考上以節約精神能量的損耗，從而達到快樂。

佛洛伊德將這種源自節約精神能耗帶來的小快樂

稱為「前快樂」，並將其與性慾喚起的各種前快樂相比，「前快樂」即對生殖器以外身體其他部分的刺激給身心帶來的快樂體驗。最終，佛洛伊德這樣解決了「清白」玩笑的問題，他聲稱：

> 清白玩笑，儘管它們包含的思想是非傾向性的，只能在理論意義上引發智力興趣，但事實上它們從來不是真正非傾向性的。
>
> （《全集》VIII. 132）

> 原本非傾向性的、始於遊戲的玩笑，接下來被與目的相連接，而目的是所有頭腦中存在的事物最終無法避開的。
>
> （《全集》VIII. 133）

佛洛伊德認為，好的玩笑留下的是一個整體的印象，即人們很難分清它帶來的快樂主要是源自玩笑的形式，還是它包含的思想。他把形式看作是一種使基本思想變得更易接受的包裝，就像藥片的糖衣一樣。我們即將看到，佛洛伊德在討論藝術的時候運用了同樣的類比。他將美學形式視為藝術家們既隱藏他們「自我的白日夢」，又使其變得對他人來說更可以接受的一種手段。在這兩種情況下，佛洛伊德都否認真正的快樂可以從形式上獲得。我們從一個玩笑的機智語言中，或者從一個藝術家建立的美學秩序中所獲得

的任何快樂都是次要快樂；「前快樂」，在佛洛伊德看來，相對於最終快樂只是感官上的快樂。這與他認為傾向性玩笑要考慮到攻擊傾向和性的釋放的觀點並不矛盾，在論述他的觀點時，他仍將攻擊性視為構成了性本能中的施虐方面。

也許令人驚訝的是，佛洛伊德沒有承認，在運用權力和進行控制的過程中也有一種快樂在裏面。當佛洛伊德在同一本書中談論遊戲時，他提到了一個名叫C.格洛斯(C. Groos)的作家，他在關於遊戲的書中，談到了「運用權力的快樂」和克服困難中的快樂。佛洛伊德將之斥為次級快樂。然而，我們必須承認，快樂來自技能的運用，不論這種技能是身體的還是心靈的。玩笑通常是某個老掉牙的主題的變形，但是只要玩笑本身體現了語言的機智和句法的簡潔，我們就不排斥它。換言之，即使在顯而易見有傾向性的玩笑中，我們欣賞的既是玩笑的內容也是玩笑的形式。玩笑的形式並不簡單是賄賂、一種「激勵性獎金」，如佛洛伊德所稱的那樣，它是提供快樂的重要因素。如果我們創造了一個新笑話，我們將會因自己的聰明才智而欣慰。如果我們聽到了一個新笑話，我們會欣賞其創造者的機智。笑話是與形式相關的、與如何將不協調的事物聯繫起來並建立一種秩序相關。因此它是一種美學產物，雖然屬原始美學一類。

尋找秩序、解釋性原則，以及使分立的事物得以

聯繫起來的共性，一直是人類必須要做的事。當佛洛伊德自己解決了一個一直困擾他的問題時，他一定體驗過甚麼是「找到了！」的快樂。然而，他卻始終稱這種快樂只是一種昇華的快樂，並非最初的快樂。1930年，佛洛伊德寫道：

> 這類滿足，猶如一名藝術家從創作中、從賦予他的幻想實體中獲得的快樂；或者一名科學家從解決問題或發現真理中獲得的快樂，它們都有一種特質，對這種特質我們會有一天能從超心理學的角度去描述。目前，我們只能打個比方，這些滿足看起來「更純淨、更高等」。但是，與那種從滿足原始的、初級的本能衝動中獲得的快樂相比，它們是溫和的。它們不能令我們的身體感到震撼。
>
> （《全集》XXI. 79–80）

在下一章，我們將評述佛洛伊德關於藝術和藝術家的觀點。

第八章
藝術與文學

在20世紀，精神分析對藝術和文學產生了重大影響。佛洛伊德的潛意識概念、自由聯想的運用以及他對夢的重要性的重新發現，鼓勵了畫家、雕塑家及作家去實驗偶然的和非理性的東西，去認真對待他們的夢境與白日夢的內在世界，去發現他們之前可能會斥為荒誕或非邏輯性的思想和意象中的重大意義。像達達主義、超現實主義這類運動的興起在很大程度上都要歸功於佛洛伊德，還有很多文學作品，如弗吉尼亞·吳爾夫的《海浪》，都是依靠「意識流」技巧的運用。精神分析的地位確立之後，傳記作者們開始感覺到，除非他們努力揭開從童年早期起就一直影響着他們筆下的人物的情感之謎，否則他們對人物的描繪就是不全面的。揭示一個人的性行為及性偏好幾乎已經成為一種必須，因為佛洛伊德已下定論說，性慾是人性中的核心驅動力量。人們開始廣泛接受這樣的觀點：即使政治家一類的人物也不可能被完全理解，除非將他們置於精神分析的聚光燈下。佛洛伊德曾與美國外交家威廉·布列特（William C. Bullitt）合著了一

本介紹對美國第28任總統伍德羅·威爾遜(Woodrow Wilson)所作的精神分析的書。雖然一些著名的歷史學家已經發現，精神分析理念在理解歷史人物方面是有價值的，但是這本書被普遍認為是極其糟糕的，因為佛洛伊德和布列特對威爾遜持有嚴重偏見。例如，他們稱他為「一位自命不凡的道學先生」，他們還寫道：「他是一個病態的、戴着眼睛的、害羞的、受父母和姐妹保護的人。湯米·威爾遜一生中從未打過架」，好像打架鬥毆是擁有男性氣概所必須的。他們還對他的宗教信仰予以蔑視，譴責他把自己看作救世主。這本有傾向性的傳記是將精神分析作為「暗殺個性」的武器的早期例子。佛洛伊德對藝術和藝術家表現出一種令人詫異的模棱兩可的態度。如我們在第一章中注意到的那樣，他對文學有着深厚的積累和熱愛，這從他優美的文筆中彰顯出來。他對雕塑也很有鑒賞力，對繪畫也有一定的藝術感覺，雖然稍弱一些。但他自己寫道，他幾乎無法從音樂中獲得愉悅。佛洛伊德寫了幾本關於藝術和藝術家的書和一些文章，其中最著名的是《詹森的「格拉迪瓦」中的錯覺與夢境》、《達·芬奇的兒時記憶》、《米開朗琪羅的摩西》及《陀思妥也夫斯基與弒父情結》。

佛洛伊德相信，未得到滿足的原慾的昇華造就了藝術和文學。也就是說，他認為藝術家是將他們的嬰兒性慾轉化成非本能的形式而釋放。如第三章中所

圖12　米開朗琪羅的雕塑作品《摩西像》，羅馬聖彼得鐐銬教堂。

示，佛洛伊德認為，對性本能中變態的、性前期成份的壓抑，會阻礙性發展和導致性滿足感的缺乏，這些症狀在神經官能症患者身上都經常出現。如果這些衝動沒有被壓抑，而是因為這樣或那樣的原因被誇大了，那麼這個人就會變成性變態而不是神經官能症患者。

處理這類素材的第三種方式涉及那些有藝術天賦的人。根據這一觀點，藝術家是那些可能為了避免成為神經官能症和性變態患者而在他們的作品中昇華了他們的性衝動的人。佛洛伊德沒有嘗試解釋藝術家擁有的天賦的本質，也沒有對人與人之間在靈活性、智力，或其他認知及感知能力上的差異等這些實驗心理學家們研究的問題作出更多的解釋。佛洛伊德關注的是動機。在他看來，動機最終可能只是源於表現為攻擊本能的死本能，或者源於性本能。而且，在佛洛伊德的思想框架中，動機應該被追溯到童年最早期出現的本能壓抑。這種「本能」觀點的局限性清晰地體現於佛洛伊德關於藝術和藝術家的著述中。如我們在上一章末尾談到的，佛洛伊德認為人類使其經歷秩序化以理解其意義的需求因為不能直接與享樂原則聯繫在一起而屬次級現象。但是靜觀藝術和科學，它們是兩種十分不同的人類活動，都是致力於從複雜中尋找秩序，在不同中尋找統一；進行這些活動的衝動從生物學角度上講具有適應性，也同樣可以被看作是「本能的」。

這個局限意味着，佛洛伊德拋棄了他可能對藝術作品的形式的任何興趣，而只關注它的內容。他在《米開朗琪羅的摩西》一文中謙虛地承認了這一點。

> 我會立刻說我不是藝術鑒賞家，只是一個外行。我時常注意到藝術品的主題比它們外在的形式和技法上的特徵對我有更強的吸引力，儘管對藝術家來講他們的價值首先在於後者。我不能正確地欣賞很多藝術中運用的手法和達到的效果。
>
> （《全集》XIII. 211）

因為佛洛伊德注意的問題是內容而非形式，他自然會運用他解釋夢、幻想和神經官能症的方法去解釋藝術作品。因為他認定「藝術是一種昇華」，那麼他能做的和已經多少成功地做了的事情即是，從藝術作品中去發現藝術家在嬰兒期內心有過衝突的證據。

從佛洛伊德描寫列奧納多·達·芬奇的文章可以看出這種方法的深刻性和局限性。歷史資料顯示，列奧納多有同性戀傾向，而且是個私生子。在他出生的同一年，他父親娶了另一個女人。他母親在他出生不久之後也嫁人了。列奧納多後來被他的父親收養，在父親的家中長大。沒有歷史記載顯示列奧納多與他的母親或繼母之間是怎樣一種關係，或者她們是甚麼樣的人。也無從知道列奧納多何時離開母親轉由父親和

繼母撫養；儘管有記錄表明在他五歲的時候已經是父親家裏的一名成員。

佛洛伊德分析了列奧納多對童年的回憶，列奧納多稱，當他還在搖籃裏的時候，一隻大鳥用它的尾巴多次撞擊他的嘴唇，使他張開了嘴。佛洛伊德認為這在現實生活中是不可能發生的，這種觀點是合理的。它很有可能是列奧納多把後來的幻想移置到了童年早期。正如人們所料，佛洛伊德將這個幻想解釋為被動的同性戀的一種表達；鳥的尾巴用來替代陰莖，想要把陰莖放到嘴裏的願望根本上是源自吸吮的經歷，佛洛伊德稱其為「我們生命中最初的快樂之源」。

但是為甚麼母親由一隻鳥代表？佛洛伊德認為那隻鳥是禿鷹，並詳細解釋了母親和埃及神話裏的禿鷹之間的關係。他說，列奧納多選擇這隻鳥來代表他的母親是因為人們認為禿鷹只有雌性，因此對於一個沒有父親的孩子來說，禿鷹成為一種尤其適合的母親形象。

遺憾的是，佛洛伊德的解釋是基於一個誤譯。這隻鳥不是禿鷹，而是鳶。禿鷹可以被認為與母親有某種神話性質的關聯，但鳶卻不能。而且，儘管佛洛伊德承認沒有關於列奧納多何時被帶到他父親家中的具體記載，但他繼續斷言，那個幻覺暗示着列奧納多在很小的時候是與他「窮困的、被遺棄的親生母親在一起，所以他一度感受到他父親的缺失」。

我們不能責怪藝術史學家們將佛洛伊德的解釋斥為無稽之談；但是，我們還是可以從佛洛伊德的理論中去粗取精。佛洛伊德曾詳細評說了著名畫作《聖母、聖嬰和聖安妮》。聖安妮被刻劃得與她的女兒聖母馬利亞年紀相差無幾。佛洛伊德認為，列奧納多選擇了「母親、祖母和孩子」這個畫家們一般很少選擇的主題，是因為他可能意識到父親家裏有他的祖母及繼母。他還提出，畫中兩個女人年齡上的相近或許反映了列奧納多實際上有兩個母親的事實：他的生母和他的繼母。

　　這種推斷看起來更有趣，也更為合理。一個藝術家刻劃的人物形象及他們選取的表現手法，經常取決於他的資助人和他所處的時代，但是它們又注定會反映藝術家的個性及個人歷史中的某些方面，儘管他本人也許並沒意識到這種關聯。然而，畫家選擇的人物形象是否與其嬰兒時期被壓抑的性幻想有關，這一點更難以確定。

　　佛洛伊德認為陀思妥也夫斯基(Dostoevsky)與莎士比亞的文學地位相差不遠，他認為《卡拉馬佐夫兄弟》一書是有史以來最宏大的小說。他聲稱，陀思妥也夫斯基對如此多的狂暴、任性、危險的人物的刻劃，反映了小說家本人身上的類似傾向，他還指出，陀思妥也夫斯基曾承認對一個年輕女孩實施了性侵犯。陀思妥也夫斯基的朋友，傳記作者斯特拉霍夫

圖13　1508-1513年，達‧芬奇的《聖母、聖嬰和聖安妮》畫作。

(Strakhov)在致托爾斯泰(Tolstoy)的信中也提到過此事。也有故事記載，陀思妥也夫斯基曾向屠格涅夫(Turgenev)承認過這一點。這個話題在陀思妥也夫斯基的作品中也出現過不止一次。佛洛伊德也注意到陀思妥也夫斯基表現出來的施虐受虐狂特性，以及他的嗜賭成癖。佛洛伊德對陀思妥也夫斯基的精神病病理解釋主要是基於這樣一個論斷：小說家的父親，陀思妥也夫斯基博士，是「特別暴力的」人。他因此設想，陀思妥也夫斯基的這種性情的根源在於男性(施虐狂的)叛逆與女性(受虐狂的)屈服之間沒有解決的衝突，而這種衝突正是他與父親關係的寫照。而且，陀思妥也夫斯基良心上的自我懲罰是源於他父親的懲罰性行為。佛洛伊德寫道：

> 因此陀思妥也夫斯基的問題是，他是一個具有特別強的內在雙性性情的人，他能夠十分有力地保護自己，而不去依賴一位特別嚴屬的父親。
>
> （《全集》XXI. 185）

事實上，雖然陀思妥也夫斯基博士嚴屬地要求他的孩子從小就要專心致志地學習，但是他也是一個十分認真負責的父親，他在孩子的教育上投入了特別多的時間，從來沒有對孩子實施過體罰，而且儘管他很

難負擔得起所需費用，他還是將孩子送到私立學校以免他們挨打。

約瑟夫·弗蘭克（Joseph Frank）在他所著的關於陀思妥也夫斯基的權威性傳記中提到，佛洛伊德在一篇發表於1883年的傳記中讀到一個腳註，這個腳註暗示了「有一個特別的證據表明費奧多爾·米哈伊洛維奇（Feodor Mihailovich）的病與他早年家中的一件悲劇事件有關」。雖然本段中沒有任何關於懲罰或者其父的信息，但佛洛伊德回憶起他曾在文中某處的一封致斯蒂芬·茨威格（Stefan Zweig）的信中讀到過上述內容：

> 在陀思妥也夫斯基的傳記中，我讀到過一段話，將此人後來的病痛的根源歸結於他少年時期其父對其極度嚴厲的懲罰。

這個例子表明佛洛伊德並非故意地通過歪曲回憶內容以支持他構建的關於陀思妥也夫斯基的精神病理；這是實現願望的幻覺而導致的錯誤回憶，正如《日常生活中的精神病理學》中描述的一樣。疾病或「後來的病痛」指的是陀思妥也夫斯基的癲癇症。根據這個「證據」，佛洛伊德下結論說，陀思妥也夫斯基突發的疾病幾乎可以肯定地說不是真正的癲癇病，是由情感衝突而非腦損傷引起的。他還認為，陀思妥也夫斯基在童年時代病症就「突然發作」過，這為他

後來疾病的發作埋下了隱患，其特徵是害怕死亡或突然陷入萎靡狀態。約瑟夫‧弗蘭克最後作結，這些症狀在陀思妥也夫斯基的童年時期都沒有出現過，而是出現在1846年到1847年期間，當時陀思妥也夫斯基已經25歲。據說陀思妥也夫斯基的父親在陀思妥也夫斯基18歲的時候被農奴所殺。佛洛伊德將陀思妥也夫斯基的癲癇病，不論是否是「真的」癲癇，解釋為是一種對自我懲罰的受虐欲望，並認為它開始於聽到父親被殺的消息。事實上，除了他女兒記述的、未經證實的「家族傳統」之外，所有的證據都顯示，陀思妥也夫斯基的第一次癲癇病發作發生在1850年，當時他身處西伯利亞監獄。醫療記錄明確顯示他遭受典型的「癲癇病大發作」式驚厥（即「真正」癲癇病）的折磨，而且他的兒子阿列克謝（Aleksey）在三歲時也死於癲癇病的事實進一步證明了他可能患有癲癇病，因為有證據表明癲癇病是可以遺傳的。

此處引用的約瑟夫‧弗蘭克對佛洛伊德猜想的詳細駁斥足以說明，一旦佛洛伊德得出一個結論，對他來說修正它非常之難，他往往只會選擇支持他的設想的證據。我們不禁想起他沒能發現施雷伯法官的父親的真性情的失敗。要指出的是，約瑟夫‧弗蘭克對佛洛伊德沒有特別的敵意，雖然他對佛洛伊德對陀思妥也夫斯基性格的解釋持懷疑態度，但他一度認定佛洛伊德的解釋是建立在精確的數據基礎之上的。只是當

他詳細研究了陀思妥也夫斯基早年生活的一些事件之後，才發現佛洛伊德的解釋在單純的事實層面並不十分可靠。

佛洛伊德的文章《米開朗琪羅的摩西》屬另外一類。文中沒有對米開朗琪羅童年生活的思考，也沒有對他精神病理的解釋。相反，他就藝術史學家們對這座雕像的論證進行了充滿見地的、詳細的述評，並對米開朗琪羅選取的人物姿態的意義進行了推演。讀過這篇文章的人都會對佛洛伊德敏銳的觀察力、對細節的關注及其謙虛的主張留下深刻印象，而現代藝術歷史學家是否同意下面佛洛伊德對雕像的解釋並不重要。

> 它是一種人類可能達到的最高精神成就的具體表現，是為奉獻一生的事業而成功戰勝內心情感的寫照。
>
> （《全集》XIII. 233）

這篇文章既反映了佛洛伊德淵博的學識也體現出了他相當強的觀察力。具有諷刺意味的是，佛洛伊德關於藝術和藝術家的最佳論文卻是一篇幾乎不涉及精神分析理論的文章。

如本章開頭所述，佛洛伊德認為藝術和文學是未滿足的原慾昇華的產物。儘管佛洛伊德認為，這種昇華是生活在人類文明的各種制約之下的正常人所必須經歷的，但是其觀點好像暗示著，如果原慾被完全釋

放了，那麼藝術和文學就沒有必要存在了。同樣也可推理出，因為藝術家們將他們如此大量的時間投入到了創作昇華心靈的作品的活動中，那麼他們一定比正常人更容易患神經官能症。佛洛伊德確實是這樣認為的。

> 藝術家本質上性格內向，較易患神經官能症。他經受着超強的本能需求的壓迫。他渴望得到榮譽、權力、財富、名譽和女人的愛；但是他缺少獲得這些滿足的途徑。結果是，像其他任何一個未滿足的人一樣，他脫離現實，將他所有的興趣和原慾轉移到去恣意構建他的幻想生活，而這又可能導致神經官能症。
>
> （《全集》XVI. 376）

佛洛伊德認為幻想源自遊戲。在他看來，遊戲和幻想都涉及脫離現實，或者否認現實，因此在成長過程中應逐漸停止這類活動。

> 當成長中的孩子停止遊戲的時候，他放棄的僅僅是與真實對象的聯繫；他不再遊戲了，而是幻想。他修建空中的城堡，創造被稱為白日夢的世界。
>
> （《全集》IX. 145）

創造性的作家所做的是和遊戲中的孩子一樣的事。他創造一個他非常重視的幻想世界 —— 那是他傾注

了大量情感的地方，同時他將其與現實嚴格區分開來。

（《全集》IX. 144）

我們可以這樣說，一個快樂的人從不幻想，只有不滿足的人才幻想。幻想的驅動力量是未滿足的願望。每一個幻想都是一種願望的實現，一個對令其不滿的現實的矯正。

（《全集》IX. 146）

神經官能症患者脫離現實是因為他們覺得現實不可忍受——無論是全部現實還是部分現實。

（《全集》XII. 218）

因此，遊戲、夢和幻覺常聯繫在一起作為彌補現實中不滿的一些孩子氣、逃避主義和實現願望的手段。

在第五章裏，我們提到佛洛伊德區分了兩種精神活動，即「初級過程」和「次級過程」。前者受願望實現原則和享樂原則支配，後者受有意識的計劃和現實原則支配。

隨着現實原則的引入，一種思想活動被分離出來：它不受現實的檢驗，始終只服從於享樂原則。這個活動就是幻想，它在孩童的遊戲中就已開始，後來以白日

夢的形式繼續，它擯棄了對真實對象的依賴。

（《全集》XII. 222）

儘管不情願地，佛洛伊德還是承認了藝術家們並非只是運用天賦逃避現實的神經官能症患者。

> 藝術中產生了一種調和這兩種原則的新方式。一個藝術家最初是一個背離現實的人，因為他不能妥協於放棄滿足本能需求的現實要求，他在幻想生活中讓他的愛欲和野心得到全部釋放。但是，他發現了一條從幻想世界重回現實的路，即通過運用他獨特的天分，將他的幻想鑄入一種新的真理，這種真理被人們奉為對現實的可貴反映。
>
> （《全集》XII. 224）

這個對藝術及藝術家的奇特概念意味着，儘管藝術家可能僥倖避免罹患神經官能症，他的藝術仍舊是他間接獲得本能滿足的一種方式，如果他能更好地適應現實的話，他就會或者享受或者放棄這些本能滿足。換言之，藝術根本上是一種對現實的逃避。在每個人都足夠成熟，可以用現實原則取代享樂原則的理想世界裏，將沒有藝術存在的必要。

這個彷彿來自某個對文學和視覺藝術都極具鑒賞力、才氣橫溢的作家的結論，在大多數讀者看來卻極

其怪異。如果佛洛伊德能夠長壽到可以瞭解現代生物學思想的話，那麼他也許會改變他的想法。

例如，生態學研究者普遍認為，小動物間的遊戲就不是一種對現實的逃避，而是一種適應性活動。也就是說，遊戲有助於探索，而且，通過運動步驟的重複，遊戲還有助於肌肉技能的發展。小動物之間及年輕人之間的打鬥遊戲，或許是一種學習掌控攻擊行為的重要途徑，它也會有助於成年以後實現性滿足。

如果從生物學意義上說，遊戲是一種適應性活動，那麼幻想是否也具適應性的呢？有一些「無意義的」白日夢適合佛洛伊德的逃避主義範疇，但不是所有的幻想都屬這一類型。愛因斯坦將思考定義為「自由的概念遊戲」，並且強調那種不受現實對象束縛的創造性思考的重要性。如果沒有不受拘束地想像，他將不可能得出相對論理論，儘管這個理論誕生後尚需日後實驗進行驗證。我們曾提到過，佛洛伊德認為《卡拉馬佐夫兄弟》是最偉大的小說。雖然這本小說誕生於陀思妥也夫斯基的幻想，他還是包含了對真實人物的刻劃，並且像每一部巨著一樣，它提高和加深了我們對現實的理解，而不是提供了一種逃避現實的途徑。

在第四章我們發現，佛洛伊德關於夢幾乎總是一種被壓抑願望的虛幻實現的理論是站不住腳的。有些夢是應對創傷的方式；而有些夢是處理信息的方式。

夢的後兩種功能都不是逃避現實，而是接受現實。

　　遊戲、幻想和夢，這三種佛洛伊德視為逃避現實、實現願望的手段而聯繫在一起的活動，可以同樣被看作適應性活動，尤其可被看成是對我們的內心和外部經歷進行選擇並重新合併的方式。佛洛伊德認為，藝術家的動機和科學家的動機是迥然不同的。藝術家創造性活動背後的驅力是表現為逃避現實的幻想的未滿足原慾。科學家活動背後的驅力是對外部世界的掌控。因此藝術家所做的事情和科學家所做的事情自然有很大差異。但是，像我們已經提到的那樣，二者都與創造秩序有關，都是從世界中和我們的經歷中尋找意義，從差異中發現或構建統一。

　　近年來很多有創造力的精神分析師，如里克羅夫特、溫尼克特、鮑爾比、瑪麗昂·米爾納(Marion Milner)和埃倫茲韋格(Ehrenzweig)，都拒絕接受佛洛伊德將「初級過程」描述為古老、幼稚及適應不良的觀點。幻想可能是逃避性的，但當它表現為創造性想像的時候，就會變成人類適應世界活動中至關重要的一部分。當戈雅(Goya)為他的《幻景》(Caprichos)作序時，以下銘文無疑是恰當而準確的。

　　被理性拋棄的幻想會催生可怕的惡魔；與理性相結合的幻想，是藝術之母，是藝術奇跡的源泉。

第九章
文化與宗教

　　總體上說，精神分析理論在人類學和宗教領域的應用是令人失望的。儘管佛洛伊德針對上述主題的觀點通常並不被人類學家和神學家所接受，然而，它們的重要性在於論證了精神分析如何從神經官能症的一種治療方法逐步演化成一種據稱可以解釋幾乎所有人類行為的思想體系。

　　如我們已經提到的，佛洛伊德是一個非常有教養的人，但是他認為文明具有壓迫性，因為在他看來，文明加於本能的限制已超過人類能夠承受的限度，會導致某些神經官能症症狀的出現。因此佛洛伊德熱心於研究原始的、早期的、被文明牢牢約束之前的人類就不足為怪了。遺憾的是，佛洛伊德寫作的時候是處於人類學的「扶手椅」時代，其特點是沒有實地調查支持的大量理論的出現。當時，人們仍舊稱那些屬文字出現以前的文化為「野蠻」文化，而且非常沒有道理地，像佛洛伊德一樣將「原始的」等同於「神經症的」或者「幼稚的」。今天我們意識到，很多所謂的原始人類都能以非常複雜的方式適應他們的環境；但

是在第一次世界大戰之前，維多利亞時代的進化觀點認為，從「野蠻的」開始發展到20世紀歐洲文明的燦爛頂峰是明顯的進步，然而集中營真相的揭露和兩次世界大戰的經歷已終結了人類的這種自滿。

《圖騰與禁忌》這本書最初以四個部分分別面世，後於1913年首次合成一冊出版。佛洛伊德對人類學的思考基於的主要資料是達爾文的《人類的由來》、弗雷澤爵士(Sir James Frazer)的《金枝》及羅伯遜·史密斯(Robertson Smith)與阿特金森(J. J. Atkinson)的理論，而這些參考資料在當今都部分地或全部地遭到質疑。

圖騰是一個部落內某個特定社會團體使用的象徵性符號。它可能是一種動物，或者是一種植物或自然現象，例如雨，當然這比較少見。圖騰是尊敬和崇拜的對象，它受到各種禁止殺戮、食用，甚至碰觸它的禁忌所保護。然而，在特殊情況下，也可能會進行儀式化的殺戮和聖典式的食用圖騰動物的活動。對特定圖騰的忠誠定義了社會關係，信仰相同圖騰的成員之間通常是禁止發生性關係的。佛洛伊德將圖騰解釋為父親形象的代表。因為他從三個病例中瞭解到有俄狄浦斯情結衝突的男孩子都對某種似乎是代替父親的動物產生過幻想或恐懼。佛洛伊德自己的病人「小漢斯」就有害怕被馬吃掉的恐懼，佛洛伊德認為這是孩子受到

的壓抑及隨之而來對父親產生的敵意投射造成的。

按照達爾文的理論，佛洛伊德設想，原始人以小團體或「遊牧部落」為單位生活，受一個強大的男性統治，他不僅將所有女性據為己有，而且還驅逐比他年輕的男性競爭對手，以此防止亂倫的發生，並鼓勵其他成員在團體之外結成性紐帶。佛洛伊德提出，一天，被驅逐出去的兄弟們集結起來，殺了他們的父親並吃掉了他，終結了父權制部落……圖騰宴，這個或許是人類最早的節日，就這樣成為這類難忘的、罪惡的行徑的重複，它標誌了社會組織、道德約束、宗教等諸多的開始。(《全集》XIII. 141–142)

佛洛伊德斷言說，那些弒父者們備受這種罪惡感折磨，以至於：

> 他們通過禁止殺戮作為他們父親替代物的圖騰，來彌補他們行為的過失；通過釋放婦女，放棄他們對女人的所有權來棄絕他們所取得的戰果。因此，他們從因孝心而生的罪惡感之中創造了兩個基本的圖騰禁忌，正是由於這個原因其必然類似於俄狄浦斯情結中兩個被壓抑的願望。無論誰違反了那些禁忌，他都會為犯下僅和原始社會相關的兩項罪行而負罪。
>
> (《全集》XIII. 143)

儀式性的圖騰宴可以被解釋為「被壓抑願望的回

歸」，是仇恨父親的原始衝動的暫時的象徵性表達，這種罪惡感通常是潛意識的。

佛洛伊德認為，這種原始時代的弒父事件是真實的，它在人類歷史上留下了「不可抹去的痕跡」。換句話說，他相信拉馬克遭受質疑的有關習得特徵遺傳的假設。達爾文的進化論在當時幾乎每個生物學家的頭腦中已取代了拉馬克學說。雖然佛洛伊德深諳達爾文的思想，但是直到臨終前他都頑固地認為，習得的特徵可以被遺傳，宗教和道德的起源確實可以追溯到某個具體的事件。

佛洛伊德對《圖騰與禁忌》的態度似乎有些模棱兩可。一方面他把它當作一個重大成就；另一方面，他曾提到：「噢，別拿它當真──我是在一個雨天的週日下午構想出來的。」事實上，佛洛伊德除了對拉馬克學說的堅信外，其理論還有幾個站不住腳的地方。

第一，從人類學或者關於類人靈長類動物的研究中，並未找到只由一個男性統治的「原始遊牧部落」的證據。達爾文的觀點源自對大猩猩群落的組織結構道聽途說的報告，而這在後來已經被證明是錯誤的。

第二，圖騰宴極少見，只見於少數信仰圖騰主義的部族中。

第三，佛洛伊德忽略了討論母親可能在圖騰宗教裏的重要性。這是精神分析理論中的典型遺漏，精神分析理論直到發展的後期，還一直習慣性地強調父親

的角色而忽視母親的角色。這種強調也許是因為佛洛伊德與其父親之間的問題要多於與其母親的問題。

第四，作為佛洛伊德「圖騰代表父親」的理論基礎的案例中，至少有一例可能得到十分不同的解釋。五歲的「小漢斯」是佛洛伊德之友馬克斯‧格拉夫(Max Graf)的兒子，佛洛伊德只見過他一次，他通過他的父親對這個孩子進行治療。約翰‧鮑爾比在重新審查了這個病案之後指出，像其他兒童恐懼症病人一樣，小漢斯的恐懼很有可能是害怕他母親消失而引起的。已被證實的是，他的母親在教育小漢斯的時候使用了令人驚懼的威脅手段，如果小漢斯淘氣，她就會威脅說她將離去，永不回來。

根據現代人類學、達爾文理論及鮑爾比關於「依附」的研究，人們很容易事後聰明地譴責佛洛伊德忽略了一些在他所處的時代根本不可能得到的證據。不過，《圖騰與禁忌》中的觀點確屬比較離奇的推測，而且證明了佛洛伊德當發現可能支持他的精神分析理論的證據時，傾向於在事實基礎尚不充分的情況下依然作出概括。托馬斯‧曼(Thomas Mann)在他1929年發表的文章中談到，《圖騰與禁忌》是佛洛伊德著作中令他印象最深刻的。這似乎有些令人費解，但是後來人們意識到他的評價並非基於人類學，而是完全從文學角度作出的。曼寫道，《圖騰與禁忌》毫無疑問是佛洛伊德最具藝術價值的著作之一。無論從概念上還

是形式上，它都是一部文學傑作，堪稱最偉大的文學散文範例。

《摩西與一神教》是佛洛伊德的最後一本成書，直到他80歲以後才完成。人們對它的批評與一些對《圖騰與禁忌》的批評相同。佛洛伊德有爭議地認為，摩西，這個猶太民族的領袖和創造者，原本是埃及人，正如他名字的出處所暗示的那樣。據《聖經》中關於摩西的故事記載，摩西的父母為了躲避法老的迫害，將摩西藏在河邊的蘆葦方舟裏，法老的女兒從那裏救了他。這位公主視摩西如己出地將其撫養長大，佛洛伊德藉此推斷摩西就是她的親生兒子而無猶太血統，這並非毫無根據。他繼續推斷說，摩西接受了法老阿赫納吞(Akhenaten)策動的用一神教替代多神崇拜的思想革命。阿赫納吞死後，出現了威脅一神教的反亂。摩西因此決心與少數被壓迫的猶太人站在一起，通過一系列行動鞏固了他們的猶太身份，即堅持一神教並奉行割禮，最終領導猶太人走出埃及去尋找希望之鄉。儘管《聖經》記載摩西120歲時壽終，但是佛洛伊德情願相信摩西是被自己人所殺，依據的是恩斯特·塞林(Ernst Sellin)那個一經提出便遭到其他猶太學者口誅筆伐的觀點。佛洛伊德急切地採納了塞林的假設，因為它能夠支持他關於弒父情結和宗教起源的推論。佛洛伊德猜想，摩西的被殺加強了上文描述

的、始於原始弒父情結的遺傳的罪惡感，使猶太人潛意識中形成了持久的罪惡感。

> 似乎可以推測，對殺害摩西的懊悔產生了盼望彌賽亞(猶太人盼望的復國救主)歸來的幻想，人們希望他回來救贖他的人民，帶領他們到達他們的希望之鄉。
>
> （《全集》XXIII. 89）

大多數批評家將《摩西與一神教》斥為佛洛伊德最沒有說服力的作品。像在《圖騰與禁忌》中一樣，拉馬克學派關於習得品質的遺傳假設也是這本書論點的不可或缺的組成部分。其他很多從歷史學角度對本書提出的異議在此就無需羅列了。

在第一章提到過，佛洛伊德從未信奉過猶太教。雖然他承認，宗教可能有時在抑制神經官能症症狀方面起到重要的作用，他堅持宗教信仰是一種願望實現的幻覺。在佛洛伊德看來，神有三方面的任務：

> 他們必須驅除自然中的恐怖事物；必須使人接受命運的殘酷，尤其是死亡中體現出的殘酷；必須為文明生活帶給人類的磨難予以補償。
>
> （《全集》XXI. 18）

佛洛伊德相信，宗教起源於人的無助感。成年後，人們會面臨各種各樣的危險，從地震到疾病，它

們對人構成威脅而人類無法控制。在小的時候，人們就更加無助，但是那時會意識到，父親，無論多麼令他生畏，至少能保護他免受一些常見危險的傷害。

> 從嬰兒的無助及對父親呵護的渴望中衍生出的宗教需求在我看來是無可爭議的，尤其是因為這種感覺不是兒時需求的簡單延續，而是因害怕命運的超級力量而永久持續着。我想不出在兒童時代能有任何比渴求父親保護更強烈的需求。
>
> （《全集》XXI. 72）

在一篇早些的文章中，佛洛伊德更着重強調了來自內心的危險。他指出了宗教習俗與強迫性儀式之間的相似之處。在他看來，強迫性儀式用於保護自我，不讓壓抑的幻覺、思想，或性衝動出現，同時是這些衝動置換或部分的表現。例如，一個病人總有不斷洗手的強迫性衝動，在這種情況下，是一種對手淫的內疚表現。而且，他還強迫自己清洗單個手指，作出表示性交的淫穢手勢。佛洛伊德認為，宗教作為文明的一部分，是建立在壓制、放棄某種本能衝動的基礎之上的。但是，像神經官能症一樣，這些衝動並非僅僅是性本能的組成部分。他們是利己主義的、對社會有害的本能，儘管他們通常並非沒有性成份在裏面。
（《全集》IX. 125）

虔誠的人在懺悔詞裏承認他們是有罪的人，因此他們需要通過遵守一些儀式來抵禦誘惑，來控制或抵擋那些總具有突圍威脅的本能力量。佛洛伊德竟然斷言説，宗教可以被視作「一種普遍的強迫性神經官能症」。

宗教通過讓人們遵守儀式來抗拒其內心難以駕馭的衝動；通過讓人們默許用文明限制個人自私的衝動，來保護他們不受外界危險的傷害。這種對本能衝動的棄絕使他們與他人達成某種程度的團結成為可能，因此減少無助感。

另外，宗教還許諾來生。這不僅減少了人面對死亡的恐懼，而且還暗示了為維護文明而放棄了塵世的享樂的人死後將被回報以天堂的快樂。

在本章開始我們已經提到，佛洛伊德將文明視為具有過度壓迫性並會引發神經官能症。他對文明的厭惡還不止於此。人們有理由認為，他對自己衝動的極端、強迫性的控制，對他來説無疑是負擔。佛洛伊德當然承認，如果人作為一個物種想要生存的話，那麼文明化是必須的。但是他指出了文明使個體遭受的「傷害」。下面的引文顯然旨在諷刺，但是它展示了佛洛伊德心中一個「自然的」人不受束縛時應該是甚麼樣子。

我們已經談過了文明的壓力導致的對文明的敵意，

及文明所要求的對本能需求的放棄。想像一下，如果禁止被取消，——如果一個人可以把任何他喜歡的女人作為性對象，可以毫不猶豫地殺死他的情敵或擋住他路的其他人，而且可以不經允許就任意拿走別人的財產——那將令人多麼開心！生活中將會有多少滿足啊！

（《全集》XXI. 15）

這種灰暗的描寫源於精神分析理論是一種「本能」理論的事實。也就是說，它主要關心的問題是一個孤立的個體如何找到，或如何沒能找到釋放他或她的本能衝動的方法。佛洛伊德理論給人的印象是，與他人關係只有在有助於本能滿足時才有價值。友情或者其他種類的關係本身並沒有價值。所有關係都被視作是「目的受阻的」性關係的替代。佛洛伊德對基督教戒律「你要像愛自己一樣愛你的鄰居」的批判也不足為奇，他把它稱作是沒有任何意義的戒律，因為「它的實現是不合理的」。我們即將看到，現代精神分析理論要比佛洛伊德更關注一個人從出生開始與他人建立的關係的質量和類型。

佛洛伊德對宗教的看法因以下幾個原因易遭批判。首先，它完全是以父系為基礎的。雖然聖母馬利亞或者其他女神的重要影響已完全成為過去，維也納當時仍是一個以天主教信仰為主的城市。這個

遺漏在《圖騰與禁忌》的討論中也被注意到。

第二，佛洛伊德沒有提及類似早期佛教的宗教。佛教似乎並不要求相信某一個或多個神，但是它指出一種能帶來深遠滿足感的生活方式。

第三，就像佛洛伊德本人承認的那樣，他無法理解令人心醉、神秘的經歷，而這種經歷對很多人來說是他們宗教情感的源泉。在佛洛伊德寄給他的朋友羅曼‧羅蘭(Romain Rolland)一本他反駁宗教的書《一個幻覺的未來》後，後者抱怨佛洛伊德不懂得宗教情感的真正來源。佛洛伊德寫道：

> 他說這包含了一種特別的情感，一直伴隨他左右，並從其他很多人那裏得到過證實。他可能認為這種感覺存在於千百萬人心中，他願意稱之為一種「永恆」的感動，一種無限的、無邊無際的感覺——宛如「海洋般的」感覺。
>
> (《全集》XXI. 64)

佛洛伊德恰當地將這種感覺描述成：

> 一種牢不可破的紐帶的感覺，一種個體與外部世界合而為一的感覺。
>
> (《全集》XXI. 65)

佛洛伊德將這種情感比作「愛到深處」的感覺，

即感到與被愛的人完全成為一體的感覺。佛洛伊德將此解釋為很早以前狀態的極端回歸。那是哺乳期的嬰兒學會區分自己和母親或自己和外界之前的一種狀態。因此，陷入深愛狀態和陷入海洋般的感覺都是幻覺。實際上，佛洛伊德認為陷入深愛是一種瘋狂，一種「精神病的標準原型」。

佛洛伊德部分同意羅蘭的觀點，他承認，海洋般的情感及與宇宙合而為一的感覺也許在後來階段會與宗教情感相連，他將此形容為：

> 一種尋求宗教安慰的最初嘗試，好像它是消除自我認定的來自外界的危險的另外一種方式。
>
> （《全集》XXI. 72）

雖然每個人都會自我欺騙和產生願望滿足的錯覺，但是不同於佛洛伊德，那些經歷過海洋般情感的人不會滿意他的解釋。不同的人，從宗教神祕分子到像海軍少將伯德(Admiral Byrd)一樣的探險家，對那種心醉狂喜的經歷的描述暗示著，這樣的經歷是他們一生中最意義深遠的時刻，有時會永久性改變他們看待自己和看待世界的方式。這種經歷無需用宗教術語來解釋，但它們也不應該被當作幻覺而擯棄。防衛性的願望滿足即使對那些沉浸於幻想中的人來說也有些不真實，但是海洋般的體驗一定是深刻的、必然存在

的。我們在這裏不適合冒險去給海洋般的經歷一個解釋，但是足可以說，如果佛洛伊德本人曾經有過類似的經歷，他可能會不得不考慮對這種經歷作出其他的解釋了。佛洛伊德在結束《一個幻覺的未來》這本書時用了他處理特別有爭議的問題的慣用方法，即他與一個假想敵之間進行對抗性辯論。佛洛伊德提出，在遙遠未來的某一天，智力終將居主導地位，而宗教信仰將被擯棄。

> 我們可以一直堅持認為，人類的智力與他的本能生活相比是無力的，這一點上我們也許是對的。然而，智力的這種弱勢有其特殊性。智力的聲音是溫和的，但是它永不停息，直到被傾聽。無數次被拒絕後，它終將取得勝利。
>
> （《全集》XXI. 53）

佛洛伊德將智識等同於科學，儘管，如前文提到的，人們不可能認可佛洛伊德的看法，認為精神分析是，或者可以成為嚴格意義上的科學。佛洛伊德在書末尾寫下了一句名言：

> 不，我們的科學不是幻覺。但是，認為我們可以從別處得到科學不能給予我們的東西則是一種幻覺。
>
> （《全集》XXI. 56）

也許值得一提的是，當佛洛伊德將假想敵的神靈稱為「你的神」，即傳統的、宗教信仰中的神時，他是在反對他諷刺地稱為「我們的神」的真言——理性的聲音。佛洛伊德的這種措詞方式使我們對他有了更深層次的瞭解。排他地信仰理性和科學可能會像信奉神一樣是缺乏理性的。毋庸置疑的是，佛洛伊德對精神分析的絕對信奉遠沒有足夠的科學依據。

第十章
作為治療師的佛洛伊德

精神分析技術

在第四章，我們簡要描述了精神分析技術的三個方面：自由聯想、夢的解析及移情和反移情。佛洛伊德寫過數篇關於精神分析治療技術的文章。即使像這樣一本簡短的介紹佛洛伊德的書，也一定要包括這方面的總結，因為他的方法幾乎影響了西方隨後出現的每種精神療法。佛洛伊德闡述的治療原則與傳統醫生在治療實踐中的原則是十分不同的，它創立於第一次世界大戰前夕，在當時一定是具有革命性的。現代精神分析師很少堅持佛洛伊德的所有精神分析主張，但是精神分析和其他形式的精神療法，大體上依舊遵循佛洛伊德的步驟，他創立的精神分析技術成為他留給後人的一份恆久的遺產。

早在1904年，佛洛伊德就針對篩選適合精神分析治療的病人設定了一定的標準。他要求病人應當具有一定的教育水平、個性穩定。他拒絕接受精神病患者，即患有精神分裂症或特別嚴重的抑鬱症(憂鬱性疾

病)的人。前文提到過，患有躁狂症或輕度躁狂症的病人很少諮詢精神分析師。儘管有些精神分析師在這個方面無視佛洛伊德的建議，試圖為精神分裂症患者作精神分析，但是結果都是令人失望的。

佛洛伊德意識到，心理疾病中精神病的病種可能會表現出神經官能症症狀，而且可能不會立刻被意識到是一種更為嚴重的疾病。鑒於此，佛洛伊德明智地建議先有一個持續一到二週的試分析期。他十分謹慎地警告說，在神經性食慾缺乏症或其他需要立刻消除症狀的危險情況中，不宜使用精神分析。

佛洛伊德認為，鑒於兩種原因，接近或超過50歲的人不適合接受精神分析。第一，他擔心病人在一生中積累的大量素材可能使治療無限期地進行下去。現代精神分析師們已不再接受這個看法，他們經常能成功地治癒年長的病人。佛洛伊德提出的不接受中老年患者的另外一個原因更為有趣。他說，「老年人已經無法教育」，而青少年及兒童則「通常極易受到影響」。佛洛伊德經常稱，精神分析治療中直接影響和建議的作用甚微。而他又在這段話中說明，在精神分析中建議的作用比他通常承認的要大。

在第四章中，我們談到了要求病人仰臥在躺椅上，而精神分析師坐在病人視線之外的兩個原因。第一個原因是這樣做可以鼓勵病人的自由聯想；第二，佛洛伊德承認他害怕被人一天八個小時、甚至更長時

間地盯視；除此之外還有第三個原因，佛洛伊德認為，病人最好不要看到精神分析師面部表情的變化。這三個原因都有一定道理，大多數佛洛伊德派分析師們都繼續使用躺椅。其他學派的分析師感覺使用躺椅太不自然，他們更喜歡病人和分析師相向而坐，實現一種面對面、看起來更平等的交流。

佛洛伊德建議精神分析師不要記筆記，因為這會干擾其保持「均勻分配的注意力」，使其無法堅持不對病人的話的重要性作預先判斷的理念。佛洛伊德指出，分析師在某個特定治療階段聽到的內容的重要性只能在日後評定。分析師必須像調整接收器一樣將他的潛意識對準病人發出信號的潛意識。像調整電話聽筒以聽清發射信號一樣，他必須調整自己以適應病人。(《全集》XII. 113–114)

任何一名從業的精神分析師都會認為這條建議是合理的。精神分析師們最常犯的錯誤之一就是給出尚未成熟的解釋，即在證據不足的時候倉促得出錯誤結論。

人們一貫認為精神分析師漠然得不近人情；他們只關心解析病人提供的素材，而不因後者的痛苦而受觸動。我們已經提到過，當佛洛伊德進行精神分析時，他的態度是「令人驚異地客觀」。他寫道：

我不能建議我的同事們在精神分析治療過程中過於

急迫地以外科醫生為榜樣。外科醫生能撇開所有情感，甚至是人類同情心，全神貫注於一個目標，那就是盡可能技術高超地實施手術……要求分析師具有同樣情感上的冷靜的原因是，這能給醫患雙方都創造最有利的條件：對於醫生，是一種理想的、對他自己情感生活的保護；而對病人，是得到我們今天能夠給予他的最大限度的幫助。

（《全集》XII. 115）

在一定程度上保持超然無疑是對分析師的合理要求。如果分析師與病人關係過於密切，那麼他將不能保持客觀，看不出病人如何應為自己的病難負責。另一方面，如果他堅持像佛洛伊德建議的那樣態度超然，那麼有一種危險傾向是，他將不能把病人當作有情感的人去理解。研究表明，分析師應能給予病人真正的關懷，他們對病人熱情的接納會促進病人個性的改變。精神分析及由它衍生出的其他形式的精神療法不能真正被視為等同於外科手術，部分原因是我們不能再像佛洛伊德那樣確定可以辨明每一例神經官能症中獨立存在的病源。與被壓抑的嬰兒性幻想相比，現代分析師們更關注的是病人完整的個性，及他一生中建立的人際關係。這種關注要求分析師們持有一種不同於佛洛伊德所建議的態度。儘管分析師無論對病人的行為認同與否必須保持客觀的態度，他必須傳達卡

爾‧羅傑斯(Carl Rogers)恰當地言稱的「無條件的正面態度」，即他必須真正將病人當作有血有肉的人來看待。

第四章中提到，佛洛伊德接受了榮格提出的分析師自己首先應被分析的要求。佛洛伊德接下來建議說，分析師應抵擋住談論自己的個性和問題的誘惑，而在社會生活中當「一個信任值得換取另一個信任」的時候，受這種誘惑是自然的。佛洛伊德建議說：

> 醫生對病人來說應該是不透明的；像一面鏡子一樣，應該只向他們展示所能展現給他的東西。

> （《全集》XII. 118）

雖然並非每個精神分析師都同意，我認為佛洛伊德的這個要求是完全正確的。談論自己是一種自我沉迷，分析師應該避免這樣做。分析師在進行分析的時候，只能把自己視為病人的代理人。如佛洛伊德指出的，分析師的自我表露也會對解釋移情造成無法克服的困難。

佛洛伊德警告防止說教，不要向病人推薦讀物，不要試圖引導獲得解脫的病人走上分析師認為他應該走的新路。儘管有些精神分析師通過書和文章向潛在的病人介紹他們將會出現的症狀，但是佛洛伊德再次有洞見地質疑這樣的做法。閱讀有關精神分析的著作

易於引起智力爭論而犧牲個人體驗；給予未經請求的建議是倨傲的施予，因此是對一個獨立自主的病人的貶低。

佛洛伊德建議說，大部分接受精神分析的病人除了週日和公共假日之外應該每天看醫生，雖然他說過「輕微病例」或在治療中「進展良好的」病例可以來得稍微少一些。他甚至覺得週日的間歇常都會對分析工作產生某種模糊影響。絕大多數現代精神分析師約見病人的次數遠非如此頻繁。這部分上是因為週六工作的習慣基本上已不復存在，部分上是因為只有少數病人負擔得起精神分析的昂貴費用。多看一些病人但減少診療次數，自然對分析師有利，因為他可以每次收取較高的費用。佛洛伊德不會贊同這種對他治療技術的變更。

佛洛伊德對困頓的病人可以非常慷慨，但是他對錢還是絕對現實的。他的原則是每天分給每個病人一小時治療時間，並收取一小時的診療費，無論病人是否來就診。乍一看，這似乎有些苛刻，但是佛洛伊德辯解說，除非要求病人付錢，否則他們經常會不來就診以示抗拒，並常會在即將獲得某個新發現的關口找出多種理由不來。

佛洛伊德公開表示拒絕接收那些在分析治療之外和他有任何關係的病人。

> 當分析師和他的新病人或其家庭存在友情或社會關係的時候，特殊困難就出現了。當精神分析師被請求對他朋友的妻子或孩子進行治療時，他必須準備好犧牲那份友情，不論治療的結果如何，如果他找不到一個值得信賴的人替代他的話，他必須作出犧牲。

（《全集》XII. 125）

大多數精神分析師認為這個原則是合理的，尤其因為移情已經變成精神分析治療中的核心問題，但是佛洛伊德本人也沒能堅持遵守自己制定的規則。例如，佛洛伊德曾花了幾年時間分析了他的女兒安娜，這是對精神分析原則的公然違背，大多數精神分析師會對此予以譴責。值得一提的是佛洛伊德的孩子當中只有安娜成為了精神分析師，她因對父親恆久的熱愛和奉獻而一直未婚。在佛洛伊德患病晚期，是安娜而非他的妻子瑪莎一直照顧他。

佛洛伊德經常違背他自己的訓諭，時常談論起自己，有時還聊起他的家庭。希爾達·杜利特爾(Hilda Doolitle)曾嫁給過理查德·奧爾丁頓(Richard Aldington)，是埃茲拉·龐德(Ezra Pound)的朋友，據這位女詩人記載，年事已高的佛洛伊德曾用拳頭捶打她當時所躺的躺椅的上端，說：

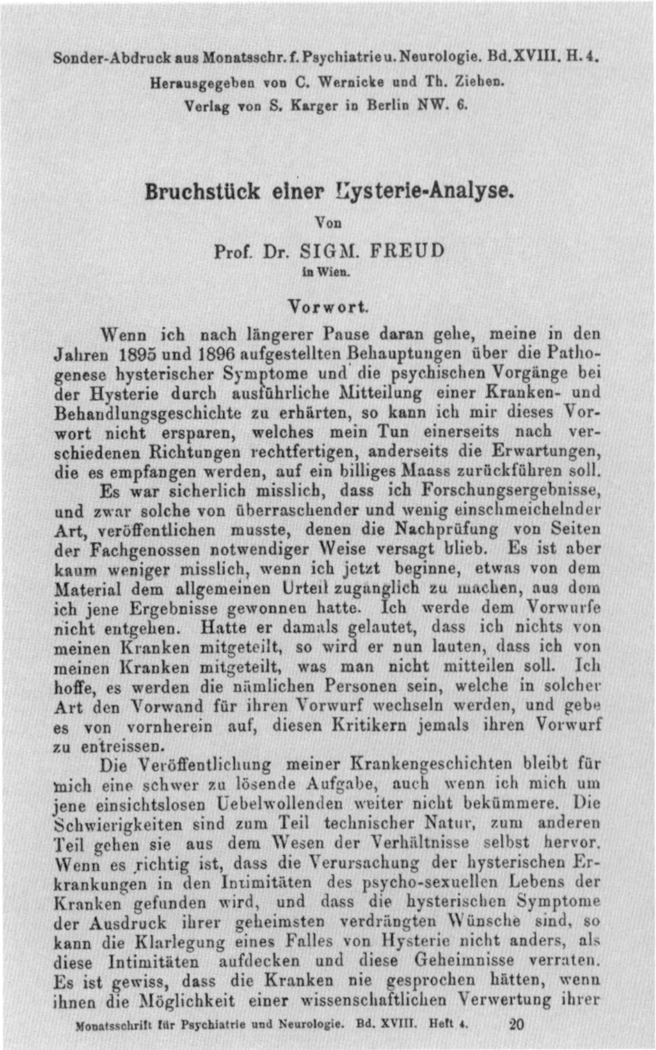

Sonder-Abdruck aus Monatsschr. f. Psychiatrie u. Neurologie. Bd. XVIII. H. 4.
Herausgegeben von C. Wernicke und Th. Ziehen.
Verlag von S. Karger in Berlin NW. 6.

Bruchstück einer Hysterie-Analyse.

Von

Prof. Dr. SIGM. FREUD
in Wien.

Vorwort.

Wenn ich nach längerer Pause daran gehe, meine in den Jahren 1895 und 1896 aufgestellten Behauptungen über die Pathogenese hysterischer Symptome und die psychischen Vorgänge bei der Hysterie durch ausführliche Mitteilung einer Kranken- und Behandlungsgeschichte zu erhärten, so kann ich mir dieses Vorwort nicht ersparen, welches mein Tun einerseits nach verschiedenen Richtungen rechtfertigen, anderseits die Erwartungen, die es empfangen werden, auf ein billiges Maass zurückführen soll.

Es war sicherlich misslich, dass ich Forschungsergebnisse, und zwar solche von überraschender und wenig einschmeichelnder Art, veröffentlichen musste, denen die Nachprüfung von Seiten der Fachgenossen notwendiger Weise versagt blieb. Es ist aber kaum weniger misslich, wenn ich jetzt beginne, etwas von dem Material dem allgemeinen Urteil zugänglich zu machen, aus dem ich jene Ergebnisse gewonnen hatte. Ich werde dem Vorwurfe nicht entgehen. Hatte er damals gelautet, dass ich nichts von meinen Kranken mitgeteilt, so wird er nun lauten, dass ich von meinen Kranken mitgeteilt, was man nicht mitteilen soll. Ich hoffe, es werden die nämlichen Personen sein, welche in solcher Art den Vorwand für ihren Vorwurf wechseln werden, und gebe es von vornherein auf, diesen Kritikern jemals ihren Vorwurf zu entreissen.

Die Veröffentlichung meiner Krankengeschichten bleibt für mich eine schwer zu lösende Aufgabe, auch wenn ich mich um jene einsichtslosen Uebelwollenden weiter nicht bekümmere. Die Schwierigkeiten sind zum Teil technischer Natur, zum anderen Teil gehen sie aus dem Wesen der Verhältnisse selbst hervor. Wenn es richtig ist, dass die Verursachung der hysterischen Erkrankungen in den Intimitäten des psycho-sexuellen Lebens der Kranken gefunden wird, und dass die hysterischen Symptome der Ausdruck ihrer geheimsten verdrängten Wünsche sind, so kann die Klarlegung eines Falles von Hysterie nicht anders, als diese Intimitäten aufdecken und diese Geheimnisse verraten. Es ist gewiss, dass die Kranken nie gesprochen hätten, wenn ihnen die Möglichkeit einer wissenschaftlichen Verwertung ihrer

Monatsschrift für Psychiatrie und Neurologie. Bd. XVIII. Heft 4. 20

圖14　1901/1905年，多拉個案分析的第一版首頁。

問題就是，我老了，你認為不值得你愛了。

但是那些批判佛洛伊德違反精神分析規定的人似乎忘記了，正是他創立了這些規定。

佛洛伊德自己的病例

佛洛伊德的病例十分聞名，既因為它們是他的精神分析方法的實例，也因為它們本身可以當作文學作品來研讀。對佛洛伊德著作的細緻分析顯示，他順帶提到的有133起個案，但是只對其中六個作了長篇描述，其中包括佛洛伊德從未親見的施雷伯法官和由父親作中間介紹人的「小漢斯」。剩下的四個案例是佛洛伊德親自診療分析的，包括1900年接受了11週治療的「多拉」、從1907年開始治療了11個月的「鼠人」、一位18歲的未提及姓名的女同性戀（她的治療在開始後「不久」就停止了）。第四個案例是著名的「狼人」，他的案例後來被跟蹤研究了60多年，他到1979年才去世。

「多拉」病例的研究被恰如其份地命名為「一個歇斯底里症的分析片段」。多拉是一個18歲的女孩，她的父母婚姻不幸福，他們與另外一對同樣不幸福的夫妻是很好的朋友，佛洛伊德稱之為K先生和K夫人。K夫人是多拉父親的情人。多拉對K夫人的感情即現今

所謂的「迷戀」。K先生在多拉14歲的時候曾經對她實施過性騷擾，當時她強烈地譴責了他。當她16歲的時候，她宣佈對K先生十分憎惡，並說他又對她作出了性舉動。從那時起，她出現了歇斯底里症狀，復發性失聲、巨烈咳嗽、陣發性暈厥，而且憂鬱、迴避社交及有自殺企圖。

多拉的案例很重要，如歐內斯特·瓊斯記載，多年來它一直是精神分析研究者的典範案例。如佛洛伊德希望的那樣，它展示了夢在精神分析中的重要作用，同時也證明了佛洛伊德在解析夢時的獨創性。此外它還揭示了很多佛洛伊德意想不到的事情。在治療之初，佛洛伊德就已認定多拉多年來一直愛着K先生，對於這個論斷，多拉一直堅決否認，直到這個短暫治療中的倒數第二次診療才接受。佛洛伊德將她一再的否認視為是對他的結論的一種證實，而非否定。

當一個被壓抑的想法首次出現在有意識的感知中時，病人口中的「不」只會表明壓抑的存在及其嚴重程度。它成為一種壓抑強度指數。如果你不把「不」視作病人客觀的判斷(病人無法作出客觀的判斷)，對它不予理會而繼續分析下去的話，很快你就會找到證據，發現在這樣的情況下，「不」的意思實際上就是渴望的「是」。

(《全集》VII. 58–59)

然而，多拉在決心終止治療前堅持否認她愛K先生（畢竟這個人比她年齡大很多）。正如有些人評述的，佛洛伊德的解釋使她不知所措。直到在倒數第二次診療後，佛洛伊德終於能夠寫下下列文字：

> 多拉不再爭辯。
>
> （《全集》VII. 104）

任何不帶偏見研讀多拉案例的讀者都會得出結論說，一旦佛洛伊德決定了某一點，他不會接受「不」的答案，他會運用他全部的智慧及極強的說服力去迫使他的病人承認他是對的。如我們已經談到的，佛洛伊德在寫作中也是如此，尤其是當他設法預測他的假想敵可能會提出來的反對意見時，他更會這樣做。

《一個女同性戀病例的心理成因》一文強調了現在精神分析師們普遍公認的一點，即被父母強行帶到醫師那裏接受治療的青少年很少會有改善。佛洛伊德也承認這一點，並指出，這個18歲的病人

> 在任何方面都沒有毛病（她自己並沒感到任何痛苦，也沒抱怨過她的狀況）。
>
> （《全集》XVIII. 150）

但是，6個月之前她曾企圖自殺。佛洛伊德承認，同性戀偏好轉化為異性戀取向從來就不是一件簡單的

事。佛洛伊德提醒她的父母說，他們希望看到女兒發生上述轉變的願望很可能實現不了。在短時間內，精神分析顯然沒有起到作用，這個女孩批駁了佛洛伊德的分析解釋。根據他的記述，基於這個女孩對父親及所有男人的憎恨，她已經顯示出了一種負面移情。佛洛伊德中斷了治療，並建議女孩從女性醫師處尋求幫助。佛洛伊德關於這個女孩早期的性慾發展，關於她拒絕男性、愛上媽媽替代者的原因及導致她產生自殺企圖的事件和情感的解釋，都是相當有趣的。但是，為甚麼佛洛伊德在清楚意識到了這個病案中存在如此多與精神分析相反的指徵後還是給她進行了治療呢？答案就在這篇論文的第一句話裏：

> 女性同性戀傾向並不比男性同性戀傾向少見，儘管遠不那麼引人注目，它不僅一直被法律忽略，而且也被精神分析研究所忽略。

（《全集》XVIII. 147）

很明顯，佛洛伊德對她的治療是為了彌補這個空白。

他一定已意識到，對某個並沒有生病而且沒有主動尋求治療的人作精神分析，對這個人而言毫無用處，儘管對作為治療師的他來說並非如此。佛洛伊德應該同意，在他心中好奇心和求知慾一直比他對治療效果的任何期待都重要。他當時也許認為，正因為沒

有幾個女同性戀者主動尋求治療，所以他「利用」這個病人進行研究是合理的。

「鼠人」是一個完全不同的案例。它是佛洛伊德最有趣、最成功的病例之一。「鼠人」是一名29歲的律師，他在1907年10月1日首次問診佛洛伊德。他抱怨自己有強迫性思想，即一些討厭的想法和幻想會自動進入他的腦海，無法除去(不熟悉這種感受的人可以回憶一下這種常見的經歷：一支曲子「縈繞在腦海」，揮之不去)。困擾歐內斯特‧蘭澤(Ernst Lanzer，「鼠人」的名字)的思想確實恐怖。其中包括害怕某種可怕的事即將發生在他喜歡的人身上，即發生在他的父親或者他傾慕的一位女性身上的恐懼。佛洛伊德驚奇地發現，他害怕父親出事的強迫性恐懼一直持續着，儘管他父親已經去世多年了。

但是最糟糕的強迫性想法與他服兵役時別人告訴他的一種東方的懲罰方式有關。那是將一個盛滿老鼠的罐子繫在罪犯的屁股上，目的是讓老鼠從犯人的肛門進入他的體內。蘭澤承認，他曾設想過將這樣的懲罰施加到那位上文提到過的女性身上的情形，他覺得只有迫使自己執行某種強迫性的儀式才能抵擋這種危險。

佛洛伊德對這個病例長篇的，但並不一定全面的描述構成了標準版第十卷的後半部分。它體現了佛洛伊德最睿智、最令人信服的一面。佛洛伊德將強迫性

懷疑和正反情感並存最終追溯到愛與恨的衝突，這種分析是有說服力的。由於他自己的強迫性個性，佛洛伊德明顯對強迫性神經官能症患者有特殊的移情。他成功地為「鼠人」擺脫了痛楚、恐怖的想法，他寫道：

> 持續了近一年的治療使病人完全找回了原來的個性，除去了他的情感抑制。

（《全集》X. 155）

懷疑論者也許會指出我們對歐內斯特·蘭澤沒有進行長期跟蹤研究。從童年早期就開始受到強迫性思想和習慣折磨的強迫性神經官能症患者，很少能夠永久擺脫症狀，在他們受到壓力的時候，很容易會舊症復發。如我們將要看到的，在接下來的「狼人」病例中情況即是如此。「狼人」接受了精神分析歷史上無可比擬的漫長跟蹤研究。

佛洛伊德將他的「狼人」病案命名為「一個嬰兒神經官能症的歷史」。「狼人」是一個在大莊園裏長大的富有的俄國人。他於1910年2月首次問診佛洛伊德，直至1914年7月結束治療。佛洛伊德記錄說，當時他認為他已痊癒。這個病人在回憶錄中寫道，當1919年春第一次世界大戰結束以後，他再次拜訪佛洛伊德的時候，他對自己的精神和情感狀態非常滿意，

而且沒有想過繼續進行精神分析治療。然而，佛洛伊德在聽完他的自述後，卻不這樣認為，他建議他再接受一段時間的治療。佛洛伊德從1919年11月開始繼續對他治療，直到1920年結束。之後他報告說：

> 還有一點一直沒有被攻克的移情問題，現在終於得以成功地解決。
>
> （《全集》XVII. 122）

像「鼠人」一樣，從童年早期開始，「狼人」就一直不同程度地受到復發性抑鬱和各種強迫性症狀的折磨。他的別名得於他四歲起對狼產生的恐懼，更確切地說，是來自他當時做過的一個噩夢。他夢見自己看見六七隻白色的狼坐在他臥室窗外的一棵核桃樹的樹枝上，他被嚇壞了。佛洛伊德寫道，他堅信在這個夢的背後隱藏着誘發病人嬰兒神經官能症的原因。這裏我們不可能詳細描述佛洛伊德得出這個解釋的具體步驟。事實上，他或許是明智地，在自己的描述中也省略了很多這方面的細節。他「從夢者潛意識記憶痕跡的混亂中」得出的結論是，患者在一歲半左右躺在小童床上的時候，他目睹了父母之間的性交行為。從精神分析的早期發展開始，佛洛伊德就堅信，看到父母性交的「原始情景」會對小孩產生創傷性後果。這表明了他的大多數病人都是來自上層社會，因為在窮

人狹促的房子裏，小孩子們一定會一週目擊好幾次這樣的情景。佛洛伊德不止一次暗示說，勞動階層不容易上患神經官能症。佛洛伊德如此堅信他的解釋，他自信地寫道，他的病人的性生活因早期的這個經歷而變得「支離破碎」。然而「狼人」自己並沒有回憶起這樣的事件。因為佛洛伊德禁止他作出評判，他當時似乎接受了佛洛伊德的病理重建。但是後來他顯然再沒有那樣做。他在87歲時接受一個採訪時透露：

> 你知道，我從未把那種夢的解析當回事。在我的故事裏，夢解釋了甚麼？佛洛伊德將一切起因都追溯到他從夢的解析中得出的原始情景。但是那個情景並沒有在夢裏出現過。他把白色的狼解釋成男人的睡衣或者類似的東西，比如床單或衣服，我覺得是牽強的。夢中開着窗子的那個場景、坐在那裏的狼，他的解釋，我不知道，我覺得這些都毫無關聯。實在是太牽強了。

他在對佛洛伊德的分析描述中，反復強調佛洛伊德的個性是如何令他印象深刻，他是如何在佛洛伊德身上找到了父親的影子。佛洛伊德對「我」相當瞭解，就像他在治療過程中經常告訴「我」的那樣，這自然加深了「我」對他的依附。

「狼人」透露，佛洛伊德與他討論陀思妥也夫斯

基，談論他兒子的滑雪事故，並且在他覺得合適的時候，毫不猶豫地給他直接的建議。在第一階段治療結束的時候，佛洛伊德建議「狼人」送給他一個禮物，認為「這樣他的感激之情就不至於過於強烈」。「狼人」聽從了他的建議，將一個埃及小雕像藏品送給了他。毫無疑問，「狼人」這個階段狀況的改善與佛洛伊德關於嬰兒性經歷的分析解釋毫無關係，相反與佛洛伊德在他心目中的形象密切相關。他把佛洛伊德當作可以依靠的、充滿同情心的父親般的人物。

當「狼人」在戰爭之後回來接受第二階段分析的時候，他已經失掉了所有的財產。佛洛伊德免費為他治療，還親自給他經濟幫助，並且曾持續有好幾年為他從其他途徑募集治療費。1926年，他從魯思・麥克・布倫斯威克(Ruth Mack Brunswick)博士處接受了另外一段分析治療。從那以後，他斷續接受了布倫斯威克博士和至少三名其他的精神分析師的治療。精神病學家會認為這是一例典型的慢性強迫性神經官能症。他最終在1979年5月7日去世，享年92歲。卡林・奧布霍爾澤(Karin Obholzer)一系列直到他去世前的採訪記錄顯示，他在近90歲時，與女人相處仍有困難，仍會時常感到抑鬱，也依然被強迫性想法和習慣所折磨。佛洛伊德的這位最著名的病人並沒有像佛洛伊德與之最初接觸時所期望的那樣，成為宣傳精神分析的活廣告。

即使考慮到在呈現精神分析病例時不違反對病人的保密原則的困難，經佛洛伊德本人長時間治療並詳細描述過的病例數目還是實在太少了。而且，在這些病例中只有一例顯示了病症得到實質性改善的令人信服的證據。費希爾(Fisher)和格林伯格(Greenberg)總結說：

> 佛洛伊德從來沒有以統計學或者個案分析的形式展示過任何數據，以表明大量他親手診療過的病人從他的治療中獲益。

這是為甚麼呢？有人會說佛洛伊德提供不出這樣的數據是因為他的治療沒有產生多少良好的效果。我個人認為，原因在於佛洛伊德對思想理念的興趣，要遠遠大於他對病人的興趣。他想要的是能夠陳述他的思想的時間和機會，從而說服整個世界都認可和接受他對人類的革命性的洞見。至於他描述的病例是否能夠證明精神分析是一種有效治療手段對他並不重要。他看重的是他選擇的病例要支持他關於人性的理論。

第十一章
今日的精神分析

　　雖然佛洛伊德自己主要關心的是精神分析的研究和精神分析理論而非治療法，但是讀者會希望瞭解精神分析現在的地位如何，例如，它是否被認為是治療神經官能障礙的有效療法。雖然大量研究都致力於討論這些問題，但是還是很難給出答案。這其中有很多原因。

　　首先，研究表明精神分析師在治療目標和預期以及他們對待病人的方式上存在很大差異，這使得即使在佛洛伊德學派內部都不可能存在一種確定的、可以稱之為「精神分析」的心理療法。大多數旨在檢驗精神分析成果的研究都沒有充分考慮這些變量。看起來相對明確的是，按照佛洛伊德最初設定的方式進行的精神分析，如使用自由聯想、躺椅、每週診療五到六次等方法，在緩解神經官能症痛苦方面，並不比相對不太深入密集、以分析為主導的心理療法更為有效。在20世紀50年代，艾森克(Eysenck)等人曾力圖證明精神分析毫無效果。他們對精神分析的抨擊引發了大量研究。雖然不能說佛洛伊德運用的精神分析比由它演

變出來的其他形式的心理療法更為有效，但是人們一致認為，一個飽受神經問題折磨的人如果能從一個經驗豐富的精神治療師處得到幫助，當然要比她坐等痛苦自然消退更有可能康復。

第二，很難定義甚麼是治癒。佛洛伊德最初創立精神分析時旨在除去病人的歇斯底里和強迫性症狀。早期的精神分析師和他們的病人曾熱切地進一步希望，精神分析能帶給他們個性和性格結構上的深刻變化。當時他們十分關心的是，是否對「X」或者「Y」進行了「透徹的分析」，彷彿這是可以實現的。佛洛伊德本人沒有表達過這樣的奢望。今天，大多數精神分析師已不像佛洛伊德那樣自信能夠確定神經官能症的「起因」。當精神分析起作用時 —— 它當然可以起作用，是因為它可能使病人有效地控制了他的精神病理，而不是將其根除。尋求精神分析幫助的病人會感到絕望，無法應對他們的問題，而使他們對自己的長處和局限有更好的瞭解對他們而言經常是極有幫助的，即使他們的個性並沒有因此得到本質的改變。

在另一本書中，我曾引用自己的一個病例以充分說明評價任何形式的心理療法都是困難的。我收到了一封25年前我在國家衛生部工作時曾經短暫治療過的一位病人的來信。他想要我治療他的女兒。他在信中寫道：「我可以真誠地說，您對我的痛苦六個月的耐心聆聽，對我的生活方式產生了極重要的影響。儘管

我的異性裝扮癖沒有痊癒，但是我對生活及對他人的看法得以重新確立。為此，我不勝感激。這是我一生永遠不會忘記的事情。」

對這個病例的治療可以被評價為可悲的失敗，因為他的主要症狀 —— 異性裝扮癖，沒有被治癒。但是，閱讀他治療結束這麼久之後的來信，人們會承認，某種重要的變化確實發生了，而這直接歸因於治療。我當時給這位病人的有限的精神治療使他變得更能夠接受自己和處理自己的病理問題，而不是對疾病不知所措。這樣的治療結果比人們通常認為的要更常見，但是如何科學地對其評價還是一個尚未解決的問題。

在第一章裏，我們簡要描述了強迫性個性的一些方面。這樣的個性是容易辨認的。儘管強迫性症狀可以減輕，如「鼠人」病例那樣，但是構成強迫性個性的基本特質是不能被精神分析師消除的。從20世紀30年代到50年代，精神分析被過度吹捧，尤其在美國。人們期望它能實現比佛洛伊德聲稱它能達到的還要更多的目標。病人和精神分析師都充滿信心地期望獲得個性上的根本轉變；精神分析治療的時間也一再延長。我清楚地記得出現在1929年牛津精神分析大會合影中的一位年長的英國精神分析師向我講述了他曾用幾年時間治療過一位年輕人。W博士堅信，他的病人一定是在很小時候遭受過同性戀侵犯。只要他能夠突

破自我防衛，回憶起這個事件，W博士確信這個病人就會康復。然而事實上根本找不到能證明這樣的侵犯確實發生過的證據。

那一代精神分析師已逝去。現代的心理治療師更是懷疑論者。事實上，「狼人」病例恰好預示了佛洛伊德自1939年9月23日去世後，精神分析思想體系上發生的一個重大變化。佛洛伊德顯然認為，在他結束第一次治療以後，病人明顯的痊癒是因為他在嬰兒期可能看到的原始情景進入了他的意識之中。但是，「狼人」並不這樣想。他批判了佛洛伊德對他的精神病理的構建，但是不斷地強調他對佛洛伊德的敬仰。

> 如果你用批評的眼光看待所有事情的話，你會發現精神分析裏沒有甚麼東西站得住腳。但是精神分析幫助了我。他是一個天才。

「狼人」繼續回憶說，他父親死後不久他開始接受佛洛伊德的治療；他與父親的關係一直不好，因為父親更喜歡他的妹妹；正因為他父親的死，他對佛洛伊德產生了一種移情，這種感情如此強烈以至於他說自己「崇拜」他。

換句話說，「狼人」將他病情的改善完全歸功於他與佛洛伊德的關係；歸功於他找到了一個比親生父親更能容忍和接納他的新「父親」；這個人四年來隨

時準備傾聽他私密的、有時是駭人聽聞的自白，對他從不批評、厭惡或譴責。

在第四章裏我們簡要描述了移情的問題。20世紀50年代以來，精神分析師們已經從佛洛伊德的本能理論轉向被不恰當地稱為「對象–關係」的理論，即將神經官能問題歸因於早年的人際關係障礙，而非被阻礙的本能發展。佛洛伊德最初使用「對象」一詞，是指原慾為了獲得性釋放而指向的對象。這個對象通常是人，但是這個詞也可以指人的一部分，例如乳房，或者人的替代物，如物神或動物，只是着重點發生了改變。佛洛伊德主要關注的是發掘被壓抑的嬰兒性幻想，他堅信是它阻礙了神經官能症患者的原慾發展。因為病人的性慾仍舊停留在一種嬰兒狀態，所以神經官能症患者不能獲得成年人能擁有的性滿足，而佛洛伊德視其為精神健康必要條件。

當然，佛洛伊德意識到了，如果一個人在早期缺乏父母的關愛，或與父母的關係有障礙，那麼這也會成為影響他發展的因素，但是他的重點放在了通過解除壓抑和發現兒童早幼期出現的幻想或創傷性事件來治療封閉的個體，像他在「狼人」個案中所做的那樣。佛洛伊德將精神分析的治療性目的定義為：

> 事實上，它的意圖是強化自我，使自我更加獨立於超我，擴展其感知領域，擴充其組織，從而使它能

夠容納本我的新鮮部分。哪裏有本我，哪裏就應該有自我。它是一種創造文明的開拓和耕耘——如同排幹須德海[1]的水造田一樣。

（《全集》XXII. 80）

在這段話中，沒有一個詞提到改善病人的人際關係。精神分析的對象－關係學派的關注點是，人從嬰兒時期開始建立起來的各種人際關係。它尤其強調孩子與母親之間關係的重要性，而佛洛伊德最初沒有考慮這些。所有精神分析師都繼承了佛洛伊德的以下觀點：成功的性關係是人類健康和快樂的重要元素。但是他們認定，獲得滿意的性關係的能力依賴於之前建立起來的、與父母或其他照料人之間安全可靠、充滿關愛的關係。對佛洛伊德來說，性在先，依戀在後。對約翰·鮑爾比，這位最重要的對象－關係學派理論家來說，穩定的依戀在先，性在後。

這種着重點的改變帶來的後果是，現代精神分析尤其注重對移情的分析。在早幼期被誤解、拋棄或虐待的病人，往往一生都會認為每個他遇到的人都會這樣對待他。如果他在某種潛意識的層面上認為每個女人都會批判他或者拋棄他，那麼他怎麼可能獲得滿意的性關係呢？而且，他會對精神分析師也會採取類似

1　位於荷蘭北部，原為北海一海灣，1932年後經築堤壩攔截，同北海分開，內部相當大一部分已改造為圩田，所餘水面稱作艾瑟爾湖。——譯注。

的態度。我們早幼時受到的對待注定會影響我們對他人將如何對待我們的期待。精神分析師的任務就是指出這種心理重複，並且通過不斷讓病人注意到他對分析師作出的錯誤假設，給予他一種更正面的情感體驗，逐漸將他們之間的關係轉變為一種病人能從中感到被接受和被理解的關係。在嚴重的病例中，病人可能永遠達不到這個理想的階段；或者他可能學會了信任分析師，但是不能將這種信任給予其他人。更理想的情況是，病人會將新找到的安全感轉給他人，因為他現在已經能夠信任別人、找到愛和幸福。

這段簡要的介紹看似偏離了佛洛伊德這個話題的主線，但是並非如此，因為它可以使我們更好地瞭解佛洛伊德精神遺產中的一個至關重要的部分。一個對精神分析一無所知，僅讀了上一章佛洛伊德對病例的簡要描述的人，可能會將精神分析理論中的大部分觀點斥為無稽之談，他這樣做是有情可原的。因為除了「鼠人」以外，其他病人的症狀都只得到短暫的改善或者根本沒有改善。佛洛伊德的一些心理重構似乎顯得牽強。而且，今天，很多人都可以列舉出幾個他們熟識的人，曾經長期接受精神分析治療，但是沒有痊癒，或病症沒有絲毫消除。那麼為甚麼這些人堅持這種昂貴的、看起來沒多大用處的治療呢？為甚麼很多精神分析師繼續收治那些並不一定會消除症狀的病人呢？人們可能會對此冷嘲熱諷道，只要病人願意繼續

治療，並作好繼續付費的準備，那麼精神分析師沒有理由讓他們離開。但是大多數精神分析師並不缺少病人，而且對於他們來說，治療那些症狀能消除並且病情能顯示出令人信服的改善的病人，要比繼續治療不會收到效果的病人要有益得多。

事實上，今天尋求精神分析治療的病人與問診佛洛伊德的那些病人已經十分不同了，這使情況更為複雜。佛洛伊德的病人因明顯的歇斯底里症或者強迫性神經官能症而來就診，而當今的病人經常問診的是薩斯(Szasz)稱作的「生活中的問題」，即人際關係問題，或者因對生活的不滿而尋求治療。這引發了精神分析領域裏的一些爭議。精神分析的目標是減緩或消除神經官能症狀，還是獲得自我認識呢？二者都是值得嘉許的目標，而且都可能在精神分析過程中部分地實現。但是這是病人想要的一切嗎？

很多人低估了佛洛伊德治療方法的革命性及它產生的影響，這無關乎洞察力與症狀的診療方法。精神分析提供了一種獨特的、生活中任何其他情景所不能比擬的經歷。有甚麼其他社會場合能有一個專注的聆聽者一小時又一小時、年復一年地總是那樣寬容地理解和接納他人呢？能夠有一個堅定的朋友或父母替代者，他從不拒絕，從不生氣，從不實施懲罰？很多尋求精神分析的病人選擇治療是因為他們感到從未有人理解他們或者接受他們；或者是因為不敢向任何人透

露他們的真實感受，他們認為如果他們這樣做了，將遭到拒絕。有些時候，精神分析可能是一種痛苦的經歷，但是即使症狀不全部消除，這種經歷也經常讓人受益匪淺，以至於精神分析師們抱怨說，他們主要的困難是如何終止分析治療，而不是如何勸說病人堅持下去。佛洛伊德在給「狼人」治療的第一階段遇到了同樣的困難，最後他不得不定下一個分析治療必須終止的日子。佛洛伊德的診療技術要求分析師採取一種完全不同於傳統醫患之間的態度，無論在過去還是現在，這都比他的嬰兒性慾理論重要得多。我們已經看到，他引以為豪的關於夢的理論經不起推敲。佛洛伊德對他的發現中何為重要的，何為有疑問的一再抱有錯誤的看法。他對「狼人」嬰兒性慾病理的重建只是無法證實的猜測。而他低估了他對「狼人」的接納、他的耐心及長久持續的關懷的重要作用，但是這種影響是巨大的。

　　第四章曾提到佛洛伊德不願意承認他在病人情感方面的重要性，因為他希望自己被看成是高超的技師、一個不夾雜個人情感的探索者、一名客觀的科學家。他處理移情的方式是完全將其視為一種重現：一種病人父母具有的特性在他身上的投射，在現實中與他無關。對於這樣看待移情的方式會有以下兩個反對理由。第一，如第四章所示，有些病人對分析師持有正面的、他們未曾有過的情感；他們對父母不會有這

種情感，因為後者是冷漠、敵對或是拒納的。第二，佛洛伊德低估了他的具有長期特性的技術對眼下的重大影響。他認為精神分析注定是漫長的，因為深入病人嬰兒期的秘密中需要時間。但是痛苦的、被疏離的人需要和重視的是擁有一個他們覺得有洞察力並能接受他們的，和善的且能夠長時間持續關懷他們的人，無論這種接受是否會減輕病症或者提高自我認識。如果通過治療能獲得任何積極效果的話，這是最起碼可以期待的效果，是不應該被低估的。最理想的情況是，精神分析及由其衍生出來的各種形式的精神療法，能夠洞察和緩解痛苦症狀，並能提高建立富有成效的人際關係的能力。

現代精神分析師已經認識到準確定義精神分析的本質的困難，但卻嘗試作出了五個基本假設。第一，精神分析是一門普通心理學，它既適用於神經官能症病人，也適用於正常人。因為我們每個人都有某些神經官能症狀，神經官能症患者與正常人之間的區別只是程度上的差異，而不是類別上的差異。

第二，精神分析師們接受了佛洛伊德構建一種心理機制的做法，這種機制既從外界接收刺激，又與體內的生理系統相互作用。精神分析不同於實驗心理學家在實驗室裏實踐的那種心理學，它主要關注一個人的主觀體驗，而對外在行為的關注次之。

第三，精神分析關注的是適應性及主體（或自我）

如何處理來自外部和內部的刺激。精神分析師們並不一定接受佛洛伊德的涅槃原則，也就是說，他們認為機體努力達到一種均衡，但是這是一種穩定的狀態，其中相衝突的刺激取得一種平衡，而不是全部被釋放。因此，心靈內部的衝突、互相競爭的刺激如性慾和饑餓之間的衝突，或者心靈不同部分之間如自我和超我的衝突，都是精神分析思想的重要方面。使用壓抑、投射、否認和昇華等「防範機制」來對付壓力的自我的概念同樣是精神分析的重要方面。精神分析依然不能很好地解釋「刺激饑渴」，即當人被剝奪了刺激的時候，他尋找刺激的需要。

第四，在考慮精神活動的時候，精神分析遵循的是佛洛伊德的決定論。也就是說，他們認為精神事件受因果原則的制約。如果是這樣，那麼自由意志的空間在哪裏？這個問題的答案尚不明確。當然可以說一些歇斯底里症狀，如恐懼症和強迫症，其出現是有特定原因的。但是它們的消除一定會使病人擁有更多的選擇自由，而選擇是一種需要意願和目的參與的自願行為。我們承認每個人都受着遺傳壓力和環境壓力的制約，而這在某些方面，如在性取向上限制了我們的選擇，但如果我們不去假設我們及他人都能夠自行作出決定和進行選擇的話，那麼社會生活將成為不可能。托馬斯·薩斯，一位公認的非正統精神分析師，將精神分析的目標定義為「提高病人對自身和他人的

理解，加大其在生活中的選擇自由」。

　　第五，精神分析認為，精神生活的一些方面是意識所不能觸及的。儘管這類精神內容會在夢中、神經官能症症狀中、口誤及精神疾病的一些心理狀態中部分顯露出來，但是大部分內容只能通過精神分析過程中的核心部分——復原和解釋——進入意識中。也許這就是我們目前能界定的，當今所謂的精神分析師所持有的共同信念和理論。

第十二章
精神分析的魅力

　　佛洛伊德現在已經成為歷史人物。我們可以客觀地討論他的成就和局限，既不像一個盲從的信徒那樣全盤接受精神分析，也不因為個人抵觸或缺乏洞見而完全將其摒棄。佛洛伊德並沒有像他最堅定的支持者所希望的那樣，把我們領入期望中的樂土。但是正如歐內斯特‧蓋爾納(Ernest Gellner)所說，佛洛伊德的思想產生了如此巨大的影響，它使精神分析「成為討論人類性格和人際關係的主要術語」。那麼，這種巨大影響是怎樣產生的呢？原因何在呢？

　　毫無疑問，佛洛伊德有許多原創的理念。但是，即使是最富創造性的人，他們思想的形成都得益於他們的前輩。那些被譽為引發了思想革命的先驅者們都剛好出現在某些思想已經流傳了很長時間，從而新的整合將成為可能並將被廣泛接受的時代。人們有時候仍然認為是佛洛伊德創造了潛意識概念。但是，正如懷特(L.L. Whyte)在《佛洛伊德之前的潛意識》一書中所揭示的，「關於潛意識心理過程的觀點，就其許多方面而言，是在1700年左右出現的，到1800年左右成

為人們關注的話題，在1900年左右有效地應用於實踐中。」潛意識的概念並非佛洛伊德發明，但是是他將其應用於臨床，使它具有可操作性。

L.L.懷特列舉了眾多的哲學家、醫生和其他人士，他們曾接受並傳播了潛意識過程在人的心靈生活中起着重要作用的思想。對佛洛伊德思想的形成產生最直接影響的人包括德國內科醫生卡勒斯(C.G. Carus 1789–1869)，他是佛洛伊德喜愛的作家歌德的朋友。卡勒斯1846年出版了一部具有廣泛影響的書——《心靈》，它是這樣開始的：

> 要瞭解心靈有意識活動的本質關鍵在於潛意識領域。這也解釋了為甚麼真正瞭解心靈的秘密是那麼艱難，如果這種瞭解不是不可能的話。

佛洛伊德收藏的圖書中包括卡勒斯的作品，儘管他的名字沒有出現在佛洛伊德著作的索引中。

1869年出版《關於潛意識的哲學》的愛德華·凡·哈特曼(Eduard von Hartmann 1842–1906)是佛洛伊德借鑑過的另一位作家。佛洛伊德在1914年為《夢的解析》一書增加的腳註中承認，他們的思想確有相似之處(《全集》V.528)。

在《自傳體研究》一書中，佛洛伊德特別感謝了德國心理學家費希納(G.T. Fechner 1801–1887)對其思

想形成的幫助。佛洛伊德認為心理機制的主要功能是通過釋放擾人的刺激所引發的張力從而恢復平靜。他的這個觀點便是受了費希納思想的影響。佛洛伊德在《超越唯樂原則》一書中對費希納的理論也有提及（《全集》XVIII. 8-9）。

本書第一章提到佛洛伊德對哲學缺乏興趣。在1925年首次發表的《對精神分析的抵觸》一文中，佛洛伊德明確指出：

> 哲學家們對於甚麼是心靈的理解不同於精神分析。絕大多數的哲學家認為只是有意識的現象屬心靈範疇。對他們來說，有意識的世界與心靈的範疇是重合的。

> （《全集》XIX. 216）

這個奇特和不精確的說法與他在同一年寫的《自傳體研究》一書中的表述很不一致：

> 即使當我遠離了臨床觀察，我也小心地避免與哲學本身發生接觸。這在很大程度上是因為我力所不能……精神分析與叔本華哲學在很大程度上的重合併不能歸結於我對其思想的熟悉。叔本華不僅強調了情感的主導地位和性慾的極端重要性，他甚至也意識到了壓抑機制的存在。我是在耄耋之年才閱讀

了叔本華的著作。另外一位哲學家尼采，他的猜想和直覺與精神分析艱辛獲得的發現有着驚人的一致。正是因為這個原因我長期以來一直迴避他的著作。我更關心的是讓我的思想不受紛擾，而並不在意誰先誰後。

（《全集》XX.59–60）

包括托馬斯·曼、菲利普·里夫（Philip Rieff）和亨利·埃倫伯格（Henri Ellenberger）在內的許多作家認為，佛洛伊德受叔本華和尼采的影響之深超出了他所承認或者意識到的程度。曼聲稱，精神分析的概念相當於把叔本華的理念從形而上學領域移置到了心理學領域。里夫指出，佛洛伊德在《一個幻覺的未來》一書中對宗教的攻擊與叔本華的《關於宗教的對話》的觀點十分相似。還有，佛洛伊德是遵循獨樹一幟的分析師格羅代克（Groddeck）的建議才採用了尼采原創的「本我」說法。尼采的狄俄尼索斯（Dionysian）和阿波羅（Apollonian）的二元性與佛洛伊德的初級過程、次級過程的二元性極為相似。叔本華和尼采的思想在當時的學術圈中得到了廣泛討論。事實上，佛洛伊德在讀大學的時候，有五年時間都是一個維也納德國學生讀書社的成員，薩洛韋（Sulloway）把這個讀書社描述成「一個激進的泛德國組織，在這個組織中叔本華、瓦格納和尼采的觀點得到熱烈的討論」。

每一個關注思想探索的作家都曾有這樣的尷尬經歷：自認為是自己原創的思想出現在了另一位作者的著作中，而他早已忘記曾讀到過這部作品。如果佛洛伊德有時將並非他原創的思想宣佈為自己的原創，那麼他是在不自覺地實踐他關於潛意識的願望實現傾向的理論，而不是有意欺騙。

　　人們經常將佛洛伊德與達爾文和馬克思相提並論，認為他是20世紀使人類對自身看法產生巨變的三個有獨創性的思想者之一。即使在佛洛伊德去世60年之後，人們對有關他和他的理論的書籍的興趣仍然經久不衰，這無疑證明了他廣泛的影響力。在20世紀初，當佛洛伊德關於心靈的主要理論形成之時，達爾文的進化論和人類起源理論也剛獲人們接受不久。達爾文通過證明人類只是進化程度最高的靈長類動物，而不是一種特殊的造物，為一門新心理學的興起鋪平了道路。這門心理學不是基於心靈哲學、感知、條件反射或者人的精神素質的心理學，而是基於人類與動物的親緣關係的心理學。當時，構建一種基於「本能」的心理學的時機已成熟，基於「本能」即指基於基本的生物力量或者人和動物的行為的「驅力」，這其中性當然是最為重要的因素之一。

　　達爾文甚至得出結論說，語言，作為人類特有的社會交往形式，是起源於求偶時發出的表達情感的喊叫，它逐漸演化成能夠表達更加複雜情緒的詞語。正

如弗蘭克‧薩洛韋在他的《佛洛伊德，心靈的生物學家》一書中指出的，是達爾文「指出了生存和繁衍本能的生物學重要性，為醫學界展示了一個動態的、二元的本能範式，它似乎包含了所有的有機行為」。

達爾文對人類與其他動物的親緣關係的揭示動搖了人類的自尊。佛洛伊德則因宣稱人類遠不像其所想像的那樣能夠主宰自己的心靈世界而進一步將人類的自尊擊碎。智力的聲音也許是持久和柔和的，但是人類受情緒和非理性的控制之深遠遠超出他們普遍意識到的程度。佛洛伊德還斷言，人類在藝術和哲學領域所取得的最高成就也不過是原始本能的昇華而已。

達爾文對人類的描述是「還原性」的，他不僅破除了人類是上帝的特殊造物的觀念，而且還傾向於把高度複雜的人類行為還原到簡單的生物源頭。佛洛伊德所做的也是一樣，精神分析得以廣泛傳播的一個原因就是它看上去與這個新生物學理論相一致。如佛洛伊德自己承認的，達爾文深深影響了他。

佛洛伊德生活的時代也是物理學家們開始認識物質結構的時代。19世紀90年代發現了電子，不久後又發現了一系列亞原子微粒。可以不誇張地說，20世紀初，科學的理解等同於將結構還原到基本成份，包括對心靈的還原。這也許解釋了為甚麼精神分析的一些缺陷在當時被忽略了或者被視而不見。正如前面提到的，佛洛伊德試圖從嬰兒性慾昇華和逃避現實的幻

想角度去解釋藝術和宗教，但這個嘗試是非常不成功的。佛洛伊德純粹的還原性立場忽視了任何對合成的考慮，沒有考慮從明顯的分離體中創造新的整合體的需求，沒有考慮格式塔心理學，或者凱斯特勒(Koestler)後來提出的「異緣聯想」。佛洛伊德還遺漏了對認知發展的研究，也沒有從核心家庭內部的心理性慾發展的角度之外定義社會的發展。當佛洛伊德成功地將精神還原為物質，還原為他所堅持的「不可或缺的有機基礎」後，他才覺得他的理論擁有了堅實的基礎。

這種不妥協的還原主義具有相當大的情感魅力。任何所謂具有「科學性」、通過還原成幾個基本元素而提供一種對人性的新理解的思想體系，都很可能吸引那些驕傲地自認為是堅定的現實主義者，不被利他主義、自我犧牲、無私的愛或者倫理高論所蒙蔽的人。佛洛伊德是把人類所有的奮鬥作最簡化處理並找到共性的專家。可以恰當地說，這種診療技術也體現出了猶太幽默的特點。那些把精神分析當作涵蓋一切的、解釋人類行為的體系的人，不僅傾向於為自己激進的現實主義而自豪、為掌握別人所不能掌握的知識而自豪，而且在運用該知識時通常以一種近似於史蒂文·波特(Stephen Potter)描述的「高人一籌」的方式：「我對任何事情的理解都比你強；你是神經官能症患者，但我有真知灼見。」這種心理發展到極端時

就會導致前文提到的，出現在佛洛伊德和布列特對伍德羅·威爾遜的傳記描述中的「人格扼殺」。

精神分析經常被說成是一種宗教，部分上是由於學派內部的爭論異常激烈，常常導致反叛者脫離組織，成立對立學派或者組成分裂的小派別，就像宗教派別之間的爭鬥一樣。佛洛伊德一直否認精神分析提供了一種世界觀，而且在他的《精神分析入門新課程》的最後一部分強調說，精神分析沒有背離科學的標準，它是用科學的眼光審視世界。但是，除了為數不多的嚴格遵從佛洛伊德思想的人士之外，幾乎所有人都認為精神分析遠不是一門科學，因為其理論不可以公開反駁，並且不能夠用於預測，但是精神分析無疑提供了一個信仰體系。

在精神分析的早期階段，儘管它的異端分子如阿德勒、施特克爾、榮格、蘭克以及許多其他的人沒有受到折磨和處決，而只是被稱為神經質者和精神病而遭到了人格暗殺。一些用來描述這些異端分子的語言幾乎是令人難以置信的放肆。當今，在英國精神分析協會裏，以前互相爭鬥的派系之間暫時處於休戰狀態，但這是一種武裝停火；私下裏，協會中分屬三個派系的精神分析師們相互之間常常惡語相向。那種認為只有自己學派才是精神分析「真理」的捍衛者的錯覺，今天依然遺憾地存在着。

正如前面提到的，佛洛伊德傾向於從對嬰兒的性

慾研究中找尋對人類的求知慾和人類對知識的熱望的解釋，而不能接受人類可能具有與許多其他物種相似的、喜好探索的特性的說法。也許，這種想法是來自他對自己兒時的記憶。佛洛伊德在小時候曾出於好奇窺探他父母的臥室，但是被憤怒的父親勒令離開。佛洛伊德當然對知識有着強烈的渴求，有着從令人迷惑的精神現象的迷宮中尋找出路的巨大動力。他攻擊哲學的原因是他認為哲學不同於科學，哲學試圖展現一個過於連貫、沒有空白的宇宙的圖景。而且，他還宣稱，哲學只能引起為數不多的知識分子的興趣，其他人幾乎都無法理解。然而，佛洛伊德並沒有只局限於對神經官能症進行解釋分析。正像我們所看到的，從精神分析伊始，他就力圖創立一個完整的理論系統，不僅用這個體系去解釋所有形式的精神疾病，還去解釋宗教、藝術、文學、幽默、人類的進化和人的社會組織。精神分析的魅力，正是源自它所聲稱的如此巨大的解釋能力。精神分析已發展成為一種運動而不只是治療神經官能症的醫療方法。精神分析不具有宗教通常具有的許多特徵，但是在一個世俗的時代，在一個人們如果不皈依舊式信仰就會感到沒有根基和安全感的時代，精神分析提供了一個人們能欣然接受的解釋體系。

　　同時，精神分析把經佛洛伊德本人或者他的弟子們，或經他的弟子的弟子們分析過的人們聯繫在了一

圖15　1922年，佛洛伊德與秘密委員會成員。

起，結成了一個帶有神秘色彩的兄弟會。精神分析理念中的相當一部分似乎都依賴於口頭傳承而不是書面記述。精神分析，起碼在最初期，似乎提供了一種世俗的拯救方式。而且，如果病人的情況沒有出現好轉，或者受訓者沒有心悅誠服地接受佛洛伊德定立的原則，精神分析師們往往能夠說服他們，使他們相信這是他們的錯，而不是理論體系的錯。這是所有深奧的信仰體系的典型特點，無論是普利茅斯兄弟會還是統一教團都具有此特點。

　　精神分析能被廣泛接受，要得益於佛洛伊德出色的、極具說服力的寫作能力。即使是他所倡導的理念經不起仔細推敲，閱讀他的著述，哪怕是翻譯版本，仍然是一種愉悅的體驗。我想不出其他任何一個闡述精神分析的作者能與佛洛伊德匹敵，儘管我想得出許多故弄玄虛、文字艱深晦澀者。試圖把精神分析與語言學聯繫在一起的法國革新派精神分析學家雅克‧拉康(Jacques Lacan)就是最典型的例子。但是當一個作者將優雅的文風、強大的說服力以及對自己理論的篤信融合在一起的時候，要抵制他是很困難的。佛洛伊德經常因其靈活變通及願意隨着精神分析的發展去修改自己理論而受到追隨者們的稱讚。但是，精神分析運動的歷史也目睹了佛洛伊德對反對意見的不容。儘管他本人也許會修改或發展他的理論，但是可能除了忠誠於他的委員會成員，包括卡爾‧亞伯拉罕和厄恩斯

特·約內斯在內的少數幾個圈內人士外，他不允許任何人這樣做。在對自己的理論深信不疑這一點上，佛洛伊德與他的最嚴厲的抨擊者、科學哲學家卡爾·波普(Karl Popper)很相似。有意思的是，波普與佛洛伊德在攻擊自己對手時，採用的是相同的對抗戰術。

佛洛伊德對其基本理念正確性的堅信大大增強了他對眾多追隨者的吸引力，儘管他的這種自信有悖於真正的科學立場。大多數人都十分願意追隨表現出十足自信的領袖人物，因為這樣做能使他們消除伴隨不確定的焦慮，省卻思考的力氣。我們不難從近代政治中找到具有類似自信的領袖人物的例子，不管這種自信的基礎有多麼狹隘。正像諾曼·科恩(Norman Cohn)在《千年的追求》一書中所展示的，對自己的堅信使那些遠不像佛洛伊德那樣具有原創力和感染力的人也閃耀着魅力。

佛洛伊德的理論使西方人對從前視為美德的行為產生了懷疑，而這又常常導致不幸的後果。在1900年，一個表現出利他主義和自我犧牲的人會被認為是「好人」。自佛洛伊德理論出現以後，人們傾向於懷疑毫不利己是一種受虐狂式的自我懲罰，而利他主義則隱藏着一種施捨的願望。利他和慷慨仍然是美德，但是佛洛伊德的理論使得那些不願意培養這些品質的人能夠更加容易地為自己辯解。禁慾曾經是受稱讚的，現在一律被看作是隱藏的性變態，或者是某種可

鄙的性逃避，而不再被看作是自我控制或者優秀精神品質的體現。與今天相比，維多利亞時代的人即使不對同性戀行為，也對同性戀情結有着更高的容忍度。丁尼生(Tennyson)紀念他摯愛的知己阿瑟‧哈勒姆(Arthur Hallam)之死的長篇組詩《悼念》今天可能將不能出版，除非這出自一個公開承認自己是同性戀的詩人之手。那些像丁尼生一樣的異性戀者，在表達對同性夥伴的熾熱情感方面所被給予的自由空間則比從前要小。佛洛伊德聲稱每一個人在某個層面上都是雙性戀者，這個觀點似乎有些怪異。然而，從整體上說，精神分析使人們增進了對於那些不遵循傳統性模式的人的理解和容忍。也許，性並不像佛洛伊德認為的那樣是主要的內驅力，但是他的巨大貢獻卻在於揭開了維多利亞時代假道學的面具並使性成為一個能夠被公開和嚴肅討論的話題。

佛洛伊德的理論還在其他方面提高了人們的包容度。佛洛伊德堅持認為，神經官能症的萌芽出現在早幼時期，我們因此對於兒童的情感需求有了更多的關注，在兒童作出反社會行為時，我們也更傾向於去試圖理解他們，而不是加以懲罰。我們對待罪犯的態度也更寬容。儘管我們對於慣犯依舊沒有甚麼辦法，但是我們更加清醒地意識到，嚴刑酷罰既起不到威懾作用也不會使罪犯得到改造。人們更傾向於認為反社會

行為也許反映的是與社會的疏離或者是絕望的情感，而不是先天的邪惡。

　　儘管精神分析在治療神經官能症方面並不能證明比其他形式的心理療法更為有效，但是佛洛伊德花大量時間傾聽精神壓抑者的訴說的方法，給源自精神分析的所有心理療法都帶來了巨大裨益。正如前面提到的，即使那些沒有完全消除症狀的人也能夠對自我有更深刻的瞭解，感到被人接納，而這是他們之前可能從沒有經歷過的。具有諷刺意味的是，佛洛伊德對於調查的熱忱和對治療的缺乏熱情卻促成了他留給後人最重要的遺產，即精神分析技術的誕生。每個人都能給悲痛中的人提出「好建議」。但是，是佛洛伊德教會了我們如何去傾聽。

　　佛洛伊德對精神分析領域之外的探索看上去大多不被認可。只有特別堅定的佛洛伊德派支持者才能接受佛洛伊德對宗教、人類學或藝術的看法。我們甚至可以這樣說，如果佛洛伊德沒有試圖用他的理論去解釋除了神經官能症、性變態和精神病以外的事物的話，那麼精神分析的地位可能會更高。但是，鑒於佛洛伊德決心構建的是一個不僅適用於神經官能症患者而且也適用於正常人的心理學體系，或許他的上述做法是不可避免的。我們在此有必要重述第一章中提到的布羅伊爾的結論：

圖16　1938年，閱讀手稿的佛洛伊德。

> 佛洛伊德的思考和表述往往是絕對的和排他的：這
> 是一種精神需要，在我看來，這種需要導致了過度
> 概括。

我們可以肯定地說，即使佛洛伊德提出的每一個
觀點都能被證明是錯誤的，我們仍然應感激他。儘管
精神分析不屬物理和化學那樣的「硬」科學類別，但
是思想發展的歷史表明，只要可以說我們對自身和世
界的理解增強了，那麼這種進步就遵循了珀普宣稱的
科學發展的規律，即通過駁斥現存假設取得進步。佛
洛伊德極具創造力。他確實給我們的思維方式帶來了
一場革命。他提出了數量可觀的假設，這些假設即使
是錯的，也值得我們去認真思考和仔細辯駁。艾森克
認為精神分析不值得我們關注，因為它是不科學的。
梅達沃稱精神分析是一個「智力信心方面驚人的把
戲」。然而，既然精神分析對我們的思維產生了如此
不容忽視的影響，它一定與我們內心深處的某些東西
發生了共鳴。最起碼，精神分析值得我們去深度地批
判研究，而不應簡單地予以摒棄。也許「狼人」的以
下評論是恰如其份的。

> 佛洛伊德是一個天才，這無可否認。他將那麼多的
> 理念納入了一個體系中……即使很多理念並不正
> 確，但這仍是一項光輝的成就。

推薦閱讀書目

Freud, Sigmund, *The Standard Edition of the Complete Psychological Works of Sigmund Freud*, translated from the German under the general editorship of James Strachey, in collaboration with Anna Freud, assisted by Alix Strachey and Alan Tyson, XXIV vols (London, 1953–74). Referred to throughout this book as SE followed by vol. no. and page: e.g. (SE, V.96).

Farrell, B. A., *The Standing of Psycho-Analysis* (Oxford, 1981). An appraisal of psychoanalysis by a philosopher who does not let his knowledge of, and sympathy with, the subject impair his critical stance.

Ferris, Paul, *Dr Freud: A Life* (London, 1997). A lively, critical, modern biography by an objective writer which takes into account recent changes in attitude to Freud.

Fisher, Seymour, and Greenberg, Roger P., *The Scientific Credibility of Freud's Theories and Therapy* (New York, 1977). A comprehensive review of all the important objective research into psychoanalytic theory and treatment undertaken before 1977. An indispensable work of reference.

Gay, Peter, *Freud: A Life for Our Time* (London, 1988). A biography of Freud by a distinguished cultural historian. Gay is also a graduate of the Western New England Institute of Psycho-Analysis and understands the subject from the inside.

Gellner, Ernest, *The Psychoanalytic Movement* (London, 1985). A malicious, sometimes unfair, but invariably funny attack upon psychoanalysis which seeks to explain the social needs and climate which fostered the acceptance of psychoanalysis and turned it from a medical treatment into a movement.

Grosskurth, Phyllis, *The Secret Ring* (New York, 1991). An excellent account of Freud's Secret Committee of six supposedly faithful disciples. Their intrigues and infidelities point to psychoanalysis as a faith rather than a scientific enterprise.

Horden, Peregrine, ed., *Freud and the Humanities* (London, 1985). A collection of papers originally given as the Chichele Lectures during 1984 under the auspices of All Souls College, Oxford. The contributors include the art historian Ernst Gombrich, the Regius Professor of Greek at Oxford, Hugh Lloyd-Jones, and the late Richard Ellmann, biographer of James Joyce and Oscar Wilde.

Jones, Ernest, *Sigmund Freud: Life and Work*, 3 vols (London, 1953–7). A classic biography by Freud's closest British adherent. Although Jones is too uncritical a disciple, and although subsequent biographies have uncovered more facts, this still remains indispensable.

Kline, Paul, *Fact and Fantasy in Freudian Theory* (London, 1972). Another valuable account of objective research into Freud's theories, which supplements Fisher and Greenberg's book in a number of areas.

Masson, Jeffrey M., tr. and ed., *The Complete Letters of Sigmund Freud to Wilhelm Fliess, 1887–1904* (Cambridge, Mass. and London, 1985). These letters are the most important source book for understanding the development of psychoanalysis in its early stages. This is the first complete edition in English, since many of the letters (which were never intended for publication) were previously withheld or heavily censored by the guardians of the Freud archives.

McGuire, William, ed., *The Freud–Jung Letters* (London, 1974). A scrupulously edited, fascinating collection of letters which tell the sad story of how two original thinkers discovered each other, became deeply involved, both intellectually and emotionally, and then became gradually estranged, finally parting in bitterness.

Rieff, Philip, *Freud: The Mind of the Moralist* (London, 1960). An extremely intelligent American appraisal of Freud, with especial emphasis on Freud's place in the history of ideas. Rieff calls psychoanalysis 'the last great formulation of nineteenth-century secularism'.

Roazen, Paul, *Freud and His Followers* (New York, 1975). Between 1964 and 1967, Roazen succeeded in interviewing over 70 people who had known Freud personally. Roazen has a nose for scandal and an unrivalled knowledge of many of those who were closest to Freud, as well as being a scholarly chronicler of the psychoanalytic movement. There is a good deal of material here which cannot be found elsewhere, presented in highly readable form.

Rycroft, Charles, *A Critical Dictionary of Psychoanalysis.* Second edition (London, 1995). Anyone puzzled by psychoanalytic terminology, as most of us sometimes are, will find Rycroft's book an invaluable source of accurate definitions which elegantly explain even the most obscure concepts.

Sulloway, Frank J., *Freud: Biologist of the Mind* (New York, 1979). A long, detailed, and important account of the biological origins of Freud's theories. Sulloway places Freud in the context of the history of ideas in unique fashion, and demolishes the myth that Freud was an isolated, heroic figure whose ideas were universally repudiated. Every modern Freudian scholar acknowledges a debt to Sulloway.

Webster, Richard, *Why Freud Was Wrong* (London, 1995). A controversial, original, brilliant, and learned book which contends that Freud became a kind of Messiah, and that psychoanalysis is really a disguised continuation of Judaeo-Christian religious tradition. An indispensable modern critique of psychoanalysis.

Whyte, Lancelot Law, *The Unconscious Before Freud* (London, 1962). Essential reading for anyone interested in the history of ideas. Whyte demonstrates that Freud's theories were the culmination of a cultural process extending over several centuries, and that many of his 'discoveries' had been anticipated by previous thinkers.

Wollheim, Richard, *Sigmund Freud* (London, 1971). Freud as a 'Modern Master'. A valuable exposition of Freud's theories of the mind by a distinguished philosopher. Professor Wollheim is too convinced a Freudian to be entirely objective. Perhaps this is why there is little discussion of Freud's incursions into art, and an uncritical acceptance of Freud as a therapist.